本書係「敦煌文獻系統性保護整理出版工程」項目成果

二〇二一—二〇三五年國家古籍工作規劃重點出版項目

「十四五」國家重點出版物出版規劃項目

國家古籍整理出版專項經費資助項目

中國國家圖書館藏敦煌文獻

中國國家圖書館 編

第三八册

BD00525～BD00546

國家圖書館出版社

DUNHUANG MANUSCRIPTS IN THE NATIONAL LIBRARY OF CHINA

038

BD00525 ~ BD00546

compiled by the

National Library of China

National Library of China Publishing House

凡例

一 本書刊布中國國家圖書館藏敦煌文獻，以館藏編號爲序編排。

二 館藏編號采用「BD+流水號」格式，如BD00001、BD16579等。背面在編號後加v表示。一個編號包含多件文獻者，編號後分别綴以字母A、B、C等。一件文獻含有多個内容者，以數字-1、-2、-3等標明順序。

三 圖版有縮印或放大處另加説明，尺寸超出本書幅面的以摺葉形式呈現。

四 卷軸裝、梵夾裝、經摺裝等裝幀形制的敦煌文獻，各附外觀圖像。

五 每件文獻依次呈現外觀、正面、背面等。背面僅刊布有文字、圖像或其他要素的圖版，而略去素紙部分，背面圖版同樣以從右到左順序編排。凡有外題者，遵從以上原則。

六 除個别特殊情況外，爲保證閲讀連貫、流暢，圖版儘量通欄呈現。

七 各葉上方附該件文獻全圖，以高亮形式顯示本葉大圖在全卷中的位置。部分長卷文獻全圖祇能分多段呈現時，在上段末以〈符標示下段接續。卷尾内容不足一葉時，文獻全圖使用該圖卷尾部分，亦以〈符標示。背面圖版文字與正面文字方向相反時，文獻全圖按原貌顯示，正文翻轉呈現，以便閲讀研究，用↻符標示。

八 文獻題名大體沿用中國國家圖書館此前所編多部敦煌文獻目録的考證，部分吸收學界最新研究成果略作調整和完善。文獻題名綜合參考原卷首題、尾題、外題確定，如原卷題名與該文獻正式名稱不同，則采用正式名稱；無題名者，或比定題名，或擬定新名。非漢文文獻在題名前標注語種。有分卷不同等其他情況者，括注於文獻名稱後。

九 本書著録使用通行繁體字，涉及原文中的人名、地名等，必要時保留原字形。

About this publication

1. The documents are presented in shelfmark order.
2. The shelfmarks are in the form BD plus a running number, eg. BD00001, BD16579, &c. If a given shelfmark contains multiple documents, these are distinguished by the letters A, B, C, &c. If a document has multiple contents, they are distinguished by the numbering 1, 2, 3, &c. The verso side of an item is indicated by the letter v.
3. If it has been necessary to reduce or enlarge the size of an illustration, the dimensions are indicated. If the size of an illustration exceeds the size of the book, a folding sheet is used.
4. If the document is a scroll, a folded sutra, or has a stitched binding, a picture of the whole object is provided to show its external appearance.
5. The cover, front, and back of each document are reproduced in sequence. The back of a document is only reproduced if it contains text, illustrations, or other markings, and it is oriented from right to left. If it is blank it is not reproduced.
6. Except in a few special cases, the lines of text are reproduced unbroken to make them coherent and easier to read.
7. An illustration of the complete document is reproduced at the top of each page, and the section where the main illustration appears is highlighted in order to indicate its position. If it has only been possible to reproduce a long scroll in sections, the direction symbol has been used to indicate where one illustration ends and the next one begins. If the end of the scroll occupies less than one page, the direction symbol is used to indicate its position in the illustration of the complete document. If the text on the back of the document has a different orientation from the text on the front, it is reproduced as it is, but is also rotated (indicated with the rotation symbol) so that it can be read easily.
8. The titles of the documents generally conform with those already established by the Library, but in some cases have been amended by drawing on the most recent scholarly research. The titles are derived firstly from the beginning of the text, then from the end of the text, and lastly from the cover. If the title of a document differs from its authoritative form, the authoritative form is used; and if a document has no title, one is either supplied by comparison with similar documents, or a new one is devised. If the document is not in Chinese, its language is indicated before the title. If the number of juan is different from that of the authoritative version, or if there are other irregularities, this is noted.
9. The documents in the book are in traditional Chinese characters. Where the title contains personal or place names, the original characters used for these names are retained.

(Translated by David Helliwell)

第三八册目録

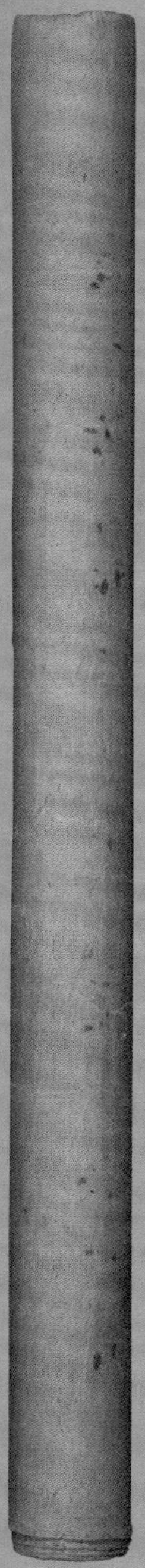

BD00525 金光明最勝王經卷七

（唐）義淨 譯

172.5cm × 26cm

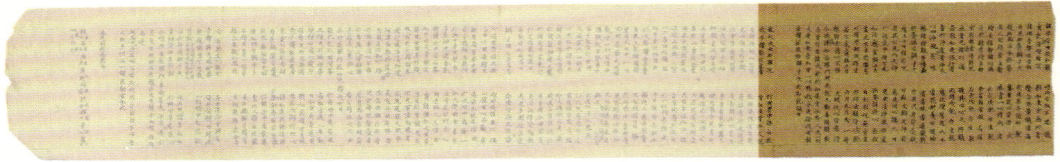

諸佛皆由發弘願　得此舌相不思議
宣說諸法皆非有　辯如虛空無所著
諸佛音聲及舌相　繫念思量願圓滿
若見供養辯才天　或見弟子隨師教
授此秘法令修學　尊重隨心皆得成
若人欲得最上智　應當一心持此法
增長福智諸功德　必定成就勿生疑
若求財者得多財　求名稱者獲名稱
求出離者得解脫　必定成就勿生疑
無量无邊諸功德　隨其內心之所願
若能如是依行者　必得成就勿生疑
當於淨處著淨衣　應作壇場隨大小
以四淨瓶成美味　香花供養可隨時
懸諸繒綵并幡蓋　塗香抹香遍嚴飾

若其不見此天神　應更用心經九日
於後夜中猶不見　更求清淨勝妙處
如法應畫辯才天　供養誦持心無捨
晝夜不生於懈怠　自利利他無窮盡
所獲果報施群生　於所求願皆成就
若不遂意經三月　六月九月或一年
慇懃求請心不移　天眼他心皆悉得
尒時憍陳如婆羅門聞是說已歡喜踊躍歎
未曾有告諸大眾作如是言汝等人天一切
大眾如是當知皆一心聽我今更欲依世諦
法讚彼勝妙辯才天女即說頌曰
敬禮天女那羅延　於世界中得自在
我今讚歎彼尊者　皆如往昔仙人說

敬禮天女那羅延　於世界中得自在
我今讚歎彼尊者　皆如往昔仙人說
吉祥成就心安隱　聰明慚愧有名聞
為母能生於世間　勇猛常行大精進
於軍陣處戰恒勝　長養調伏心慈忍
現為閻羅之長姊　常著青色野蠶衣
好醜容儀皆具有　眼目能令見者怖
無量勝行超世間　歸信之人咸攝受
或在山巖深險處　或居坎窟及河邊
險
或在大樹諸叢林　天女多依此中住
假使山林野人輩　亦常供養於天女
以孔雀羽作幢旗　於一切時常護世
師子虎狼恒圍遶　牛羊雞等亦相依
振大鈴鐸出音聲　頻陁山衆皆聞響
或執三戟頭圓髮　左右恒持日月旗

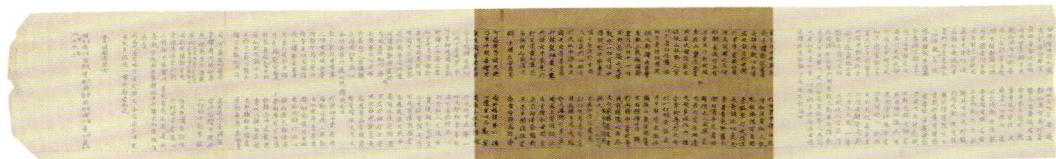

[illegible]

觀察一切有情中　天女最勝無過者
擴現牧牛歡喜女　與天戰時常得勝
能久安住於世間　亦為和忍及暴惡
大婆羅門四明法　幻化呪等悉皆通
於天仙中得自在　能為種子及大地
諸天女等集會時　如大海潮必來應
於諸龍神藥叉衆　咸為上首能調伏
於諸女中最梵行　出言猶如世間主
於王住處如蓮花　若在河津喻橋栰
面貌猶如盛滿月　具足多聞作依處
辯才勝出若高峯　念者皆與為洲渚
阿蘇羅等諸天衆　咸共稱讚其功德
乃至千眼帝釋主　以慇重心而觀察
衆生若有希求事　悉能令彼速得成

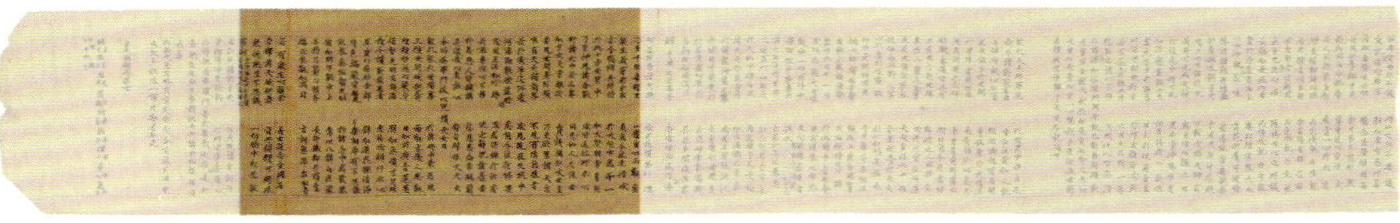

[illegible]　以慇重心而讚歎

衆生若有希求事　悉能令彼速得成

亦令聰辯具聞持　於大地中為第一

於此十方世界中　如大燈明常普照

乃至神鬼諸禽獸　咸皆遂彼所求心

於諸女中若山峯　同昔仙人久住世

如少女天常離欲　實語猶如大世主

普見世間差別類　乃至欲界諸天宮

唯有天女獨稱尊　不見有情能勝者

若於戰陣恐怖處　或見墮在火坑中

河津險難賊盜時　悉能令彼除怖畏

或被王法枷(鎖)所縛　或為怨讎行殺害

若能專任心不移　決定解脫諸憂苦

於善惡人皆擁護　慈悲愍念常現前

是故我以至誠心　稽首歸依大天女

三種世間咸供養　面貌容儀人樂觀
種種妙德以嚴身　目如脩廣青蓮葉
福智光明名稱滿　譬如無價末尼珠
我今讚歎最勝者　悉能成辦所求心
真實功德妙吉祥　譬如蓮花極清淨
身色端嚴皆樂見　衆相希有不思議
能放無垢智光明　於諸念中為最勝
猶如師子獸中上　常以八臂自莊嚴
各持弓箭刀矟斧　長杵鐵輪并羂索
端正樂觀如滿月　言詞無滯出和音
若有衆生心願求　善士隨念令圓滿
帝釋諸天咸供養　皆共稱讚可歸依
衆德能生不思議　一切時中起恭敬
莎訶　此上呪頌是呪亦是讚　若持呪時必須誦之

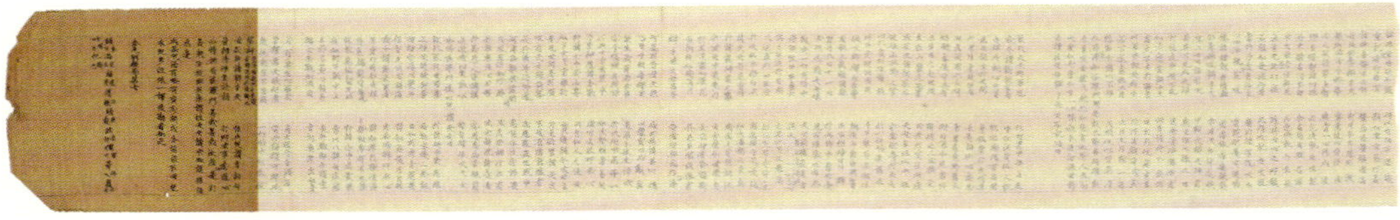

莎訶 此上呪頌是呪亦是讚 若持呪時必須誦之
若欲祈請辯才天　依此呪讚言詞句
晨朝清淨至誠誦　於所求事悉隨心
尒時佛告婆羅門善哉善哉汝能如是利
益衆生施與安樂讚彼天女請求加護獲福
無邊
此品呪法有略有廣或開或合前後不同梵
本既多但依一譯後勘者知之

金光明經卷第七

頞多可 澀色之 蘀麦庚 薎力微 鬚栗俞 謎迭計 攞羅可 嗇得入 蠶作舍
吒頭歇 失把已

BD00526 梵網經盧舍那佛說菩薩心地戒品第十卷上

（後秦）鳩摩羅什 譯

BD00526v 待考文獻

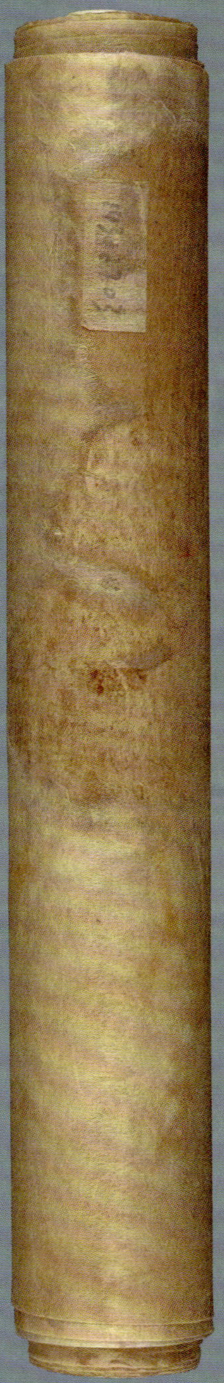

404.6cm×26.5cm

尒　　　　菩
□□□我□　□□如是誦
受持是戒已　轉受諸眾生　諦聽
波羅提木叉　大眾心諦信　汝是
常作如是信　戒品已具足　一切
眾生受佛戒　即入諸佛位　位同大覺已
大眾皆恭敬　至心聽我誦
尒時釋迦牟尼佛初坐菩提樹下成无上正覺初
薩波羅提木叉孝順父母師僧三寶孝順至道之法孝
名為戒亦名制止即口放无量光明是時百万億大眾
諸菩薩十八梵六欲天子十六大國王合掌至心聽佛
誦一切諸佛大戒告諸菩薩言我今半月半月自誦諸
法戒□□一切□□

光非青黃赤白黑非色非心非有非无非因果法是諸
佛之本原行菩薩道之根本是大衆諸佛子之根
本是故佛子應受持應讀誦善學佛子諦聽若
受佛戒者國王王子百官宰相比丘比丘尼十八梵六欲天
子庶民黃門婬男婬女奴婢八部鬼神金剛神畜生乃至
變化人但解法師語盡受得戒皆名第一清淨者佛告
諸佛子言有十重波羅提木叉若受菩薩戒不誦此戒
者非菩薩非佛種子我亦如是誦一切菩薩已學一切菩
薩當學一切菩薩今學我已略說菩薩波羅提木叉
相皃應當學敬心奉持
佛告佛子若自殺教人殺方便殺讚歎殺見作隨喜乃
至呪殺殺因殺緣殺法殺業乃至一切有命者不得故殺
是菩薩應起常住慈悲心孝順

BD00526　梵網經盧舍那佛說菩薩心地戒品第十卷上

是菩薩應起常住慈悲心孝順
使意發生者是菩薩波羅夷罪
若佛子自盜教人盜方便盜盜因盜緣盜法盜業
盜乃至鬼神有主劫賊物一切財物一針一草不得故
盜而菩薩應生佛性孝順慈悲心常助一切人生福生
樂而反更盜人財物者是菩薩波羅夷罪
若佛子自婬教人婬乃至一切女人不得故婬婬因婬緣婬
法婬業乃至一切女畜生女諸天天鬼神女及非道行婬
而菩薩應生孝順心救度一切衆生淨法與人而反
更起一切人婬不擇畜生乃至母女姉妹六親行婬无慈
悲心者是菩薩波羅夷罪
若佛子自妄語教人妄語方便妄語妄語因妄語
緣妄語法妄語業乃至不見言見見言不見身心妄

若佛子自酤酒教人酤酒酤酒因酤酒緣酤酒法酤
酒業一切酒不得酤是酒起罪因緣而菩薩應生一切
衆生明達之慧而反更生衆生顛倒之心是菩薩波羅
夷罪
若佛子口自說出家在家菩薩比丘比丘尼罪過教人
說罪過罪過因罪過緣罪過法罪過業而菩薩聞
外道惡人及二乘惡人說佛法中非法非律常生悲心
教化是惡人輩令生大乘善信而菩薩反更自說
佛法中罪過者是菩薩波羅夷罪
若佛子口自讚毀他亦教人自讚毀他毀他因毀他緣
毀他法毀他業而菩薩應代一切衆生受加毀辱惡事
自向己好事與他人若自揚己德隱他人好事令他人受
毀者是菩薩波羅夷罪
若佛子自慳教人慳慳因慳緣慳法慳業而菩薩見一

毀者是菩薩波羅夷罪
若佛子自慳教人慳慳因慳緣慳法慳業而菩薩見一
切貧窮人來乞者隨前人所須一切給與而菩薩以惡心瞋
心乃至不施一錢一針一草有求法者不爲說
一句一偈一微塵許法而反更加於逆罵辱者是菩薩波
羅夷罪
若佛子自瞋教人瞋瞋因瞋緣瞋法瞋業而菩薩應生一
切衆生中善根無諍之事常生悲心而反更於一切衆生
中乃至於非衆生以惡口罵辱加以手打及以刀杖意猶
不息前人求悔善言懺謝猶瞋不解者是菩薩波羅夷罪
若佛子自謗三寶教人謗三寶謗因謗緣謗法謗業
而菩薩見外道及以惡人一言謗佛音聲如三百鉾刺心
況口自謗不生信心孝順心而反更助惡人邪見人謗者是
菩薩波羅夷罪

現身發菩薩心亦失國王位失轉輪王位失十發趣十
長養十金剛十地佛性常住妙果一切皆失墮三惡
道中二劫三劫不聞父母三寶名字以是不應一一犯汝
等一切諸菩薩今學當學已學如是十戒應當學
敬心奉持八万威儀品當廣明
佛告諸菩薩言已說十波羅提木叉竟四十八輕今當說
若佛子欲受國王位時受轉輪王位時百官受位時
應先受菩薩戒一切鬼神救護王身百官之身諸
佛歡喜既得戒已生孝順心恭敬心見上座和上阿
闍梨大同學同見同行者應起承迎礼拜問訊而
菩薩反更憍心慢心癡心不起承迎礼拜一一不如法供
養以自賣身國城男女七寶百物而供給之若不爾者犯輕垢罪
飲酒戒
若佛子故飲酒而生酒過失无量若自身手過酒器與
人五百世无手何況自飲不得教一切人飲及一切衆生

BD00526　梵網經盧舍那佛說菩薩心地戒品第十卷上

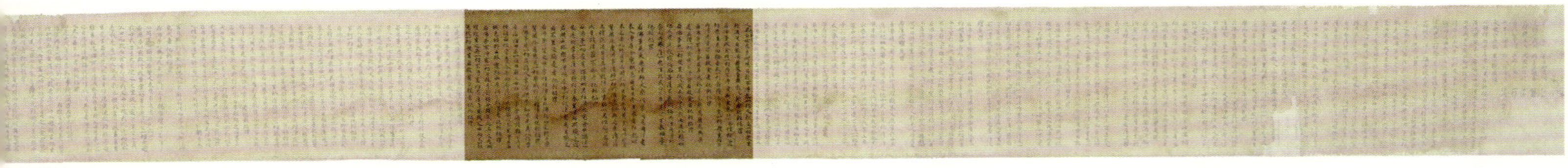

人五百世无手何況自飲不得教一切人飲及一切衆生
飲酒況自飲酒若故自飲教人飲者犯輕垢罪
若佛子故食肉一切肉不得食斷大慈悲佛性種子一
切衆生見而捨去故一切菩薩不得食一切衆生肉食
肉得无量罪若故食者犯輕垢罪
若佛子不得食五辛大蒜革葱慈葱蘭葱興渠
是五種一切食中不得食若故食者犯輕垢罪
若佛子見一切衆生犯八戒五戒十戒毀七逆八難一切
犯戒罪應教懺悔而菩薩不教懺悔共住同僧利
養而共布薩一衆住說戒而不舉其罪不教悔過者
犯輕垢罪
若佛子見大乘法師大乘同學同見同行者
來入僧房舍宅城邑若百里千里來者即起迎
來送去礼拜日日三時礼拜日食三兩黄金百味飲食

滅身請法若不尒者犯輕垢罪
若佛子一切處有講法毗尼經律大宅舍中講法
處是新學菩薩應持經律卷至法師所聽受諮
若閑山林樹下僧地房中一切說法處悉至聽受
若不至彼聽受者犯輕垢罪
若佛子心背大乘常住經律言非佛說而受持二乘
聲聞外道惡見一切禁戒邪見經律者犯輕垢罪
若佛子見一切疾病人常應供養如佛无異八福田中
看病福田第一福田若父母師僧弟子病諸根不具百
種病苦惱皆養令差而菩薩以惡恨瞋心不至僧房中
城邑曠野山林道路中見病不救濟者犯輕垢罪
若佛子不得畜一切刀杖弓箭鉾斧鬪戰之具及惡網
羅殺生之器一切不得畜而菩薩乃至殺父母尚不加報
況殺一切衆生若故畜刀杖者犯輕垢罪

BD00526　梵網經盧舍那佛説菩薩心地戒品第十卷上

況殺一切衆生若故畜刀杖者犯輕垢罪
如是十戒應當學敬心奉持下六品中廣開
佛言佛子為利養惡心故通國使命軍陣合會興
師相伐殺无量衆生而菩薩不得入軍中往来況
故作國賊若故作者犯輕垢罪
若佛子故販賣良人奴婢六畜市易棺材板木盛
死之具尚不應作況教人作者犯輕垢罪
若佛子以惡心故无事謗他良人善人法師師僧國王
貴人言犯七逆十重於父母兄弟六親中應生孝順
心慈悲心而反更加於逆害墮不如意處者犯輕垢罪
若佛子以惡心故放大火燒山林曠野四月乃至九月
放火若燒他人居家屋宅城邑僧房田木及鬼神
官物一切有主物不得故燒若故燒者犯輕垢罪
若佛子自佛弟子及外道人六親一切善知識應一一教

養心十金剛心三十心中一一解其

瞋心横教他二乘聲聞經律外道耶見論等者犯輕垢罪

若佛子應以好心先學大乘威儀經律廣開解義味

見後新學菩薩有百里千里來求大乘經律應如

法為說一切苦行若燒身燒臂燒指若不燒身臂指供

養諸佛非出家菩薩乃至餓虎狼師子一切餓虎狼

鬼悉應捨身肉手足而供養之然後一一次第為說正

法使心開意解而菩薩為利養故應答不答倒說

經律文字无前无後謗三寶說者犯輕垢罪

若佛子自為飲食前物利養名譽故親近國王王子

大臣百官恃作形勢乞索打拍牽挽横取前物一切求

利名為惡求多求教他人求都无慈心无孝順心者犯輕垢罪

若佛子學誦戒者日日六時持菩薩戒解其義理佛性

之性而菩薩不解一句一偈戒律因緣詐言能解者即

之性而菩薩不解一句一偈戒律因緣詐言能解
爲自欺詐亦欺詐他人二不解一切法而爲他人與作師
受戒者犯輕垢罪
若佛子以惡心故見持戒比丘手捉香爐行菩薩行
而鬬遘兩頭謗欺賢人无惡不造者犯輕垢罪
若佛子以慈故行放生業一切男子是我父一切女人是
我母我生生无不從之受生故六道衆生皆是我
父母而殺而食者即殺我父母亦殺我故身一切地水
是我先身一切火風是我本體故常行放生業生
生受生若見世人殺畜生時應方便救護解其苦
難常教化講說菩薩戒救度衆生若父母兄弟死亡
之日應請法師講說經律福資其亡者得見諸佛生
人天上若不尒者犯輕垢罪
如是十戒應當學敬心奉持如滅罪品中已明二戒

得加報若國主為他人殺者亦不得加報殺生報生
不順孝道尚不畜奴婢打栢罵辱日日起三業口罪況故
作七逆之罪而出家菩薩无慈報酬乃至六親中
若故作者犯輕垢罪
若佛子初始出家未有所解而自恃聡明有智或高
貴年宿或恃大姓高門大解大福冨饒財七寶以此憍
慢而不諮受先學法師經律其法師者或小姓年少
卑門貧窮諸根不具而實有德一切經律盡解而新
學菩薩不得觀法師種姓而不來諮受法師第一義
諦者犯輕垢罪
若佛子佛滅度後欲以好心受菩薩戒時於諸佛菩
薩形像前自誓受戒當七日佛前懺悔得見好相便
得受戒若不得好相當以二七三七乃至一年要見好
相得好相已便得佛菩薩形像前受戒若不得好相
雖佛菩薩形像受戒不名得戒若先受菩薩戒法師
前受戒時不須要見好相是法師師師相授故不須好

BD00526　梵網經盧舍那佛說菩薩心地戒品第十卷上

野佛菩薩形像

前受戒時不須要見好相是法師師相授故不須好
相是以法師前受戒即得戒以生重心故若千里內无
能受戒師得佛菩薩形像前受得戒而要見好相
若法師自倚解經律大乘學戒與國王太子百官以
為善友而新學菩薩來問若經義律義輕心惡心慢
心不一一好荅問者犯輕垢罪
若佛子有佛經律大乘正法正見正性正法身而不能
勤學修習而捨七寶反學邪見二乘外道俗典阿毗曇
雜論書記是斷佛性障道因緣非行菩薩道者若
故作者犯輕垢罪
若佛子佛滅度後為說法主為僧房主教化主坐禪主
行來主應生慈心善和鬬諍守護三寶物莫无度用如
自己有而反亂眾鬬諍恣心用三寶物者犯輕垢罪
若佛子先住僧房中後見客菩薩比丘來入僧房舍宅
城邑國王宅舍中乃至夏坐安居處及大會中先住僧

若[illegible]
檀越來請衆僧客僧有利養分僧房主應次第差
客僧受請而先住僧獨受請而不差客僧房主得
无量罪畜生无異非沙門非釋種姓者犯輕垢罪
若佛子一切不得受別請利養入己而此利養屬十方僧而
別受請即取十方僧物入己及八福田中諸佛聖人一一師僧
父母病人物自己用故犯輕垢罪
[illegible]子有出家菩薩在家菩薩一及檀越請僧福田
[illegible]願之時應入僧中問知事人今欲次第請者即得十
方賢聖僧而世人別請五百羅漢僧不如僧次一凡夫
僧若別請僧者是外法七佛无別請法不順孝道
若故別請僧者犯輕垢罪
若佛子以惡心故為利養販賣男女色自手作食自
磨自舂占相男女解夢吉凶是男是女呪術工巧
[illegible]方法和合百種毒藥千種毒藥蛇毒生金
[illegible]都无慈心若故作者犯輕垢罪一

BD00526　梵網經盧舍那佛說菩薩心地戒品第十卷上

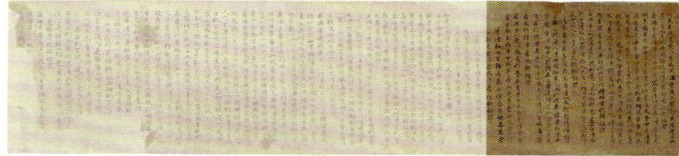

方法和合百種毒藥千種毒藥蛇毒生金
毒都无慈心若故作者犯輕垢罪
以惡心故自身謗三寶詐現親附口便說空
為白衣通致男女交會婬色作諸縛着於六日
年三長齋月作殺生劫道破齋犯戒者犯輕垢罪
如是十戒應當學敬心奉持制戒品中廣解
佛言佛子佛滅度後於惡世中若見外道一切惡人劫
賊賣佛菩薩父母形像販賣經律販賣比丘比丘尼亦
賣發心菩薩戒為官使與一切人作奴婢者而菩薩見
事是已應生慈心方便救護處處教化取物贖佛菩
薩形像及比丘比丘尼一切經律若不贖者犯輕垢罪
若佛子不得畜刀杖弓箭販賣輕秤小斗因官形勢
取人財物害心繫縛破壞成功長養猫狸猪狗若
故養者犯輕垢罪
若佛子以惡心故觀一切男女等鬪軍陣兵衆劫賊等鬪

不得樗蒲圍棊[illegible]
八道行城爪鏡蓍草楊枝鉢盂髑髏而作卜筮不得作
盜賊使命一一不得作若故作者犯輕垢罪
若佛子護持禁戒行住坐臥日夜六時讀誦是戒
猶如金剛如帶持浮囊欲度大海如草繫比丘常
生大乘信自知我是未成之佛諸佛是已成之佛
發菩提心念念不去心若起一念二乘外道心者犯輕垢罪
若佛子常應發一切願孝順父母師僧三寶常願得
好師同學善友知識常教我大乘經律十發趣十長
養十金剛十地使我開解如法修行堅持佛戒寧捨
身命念念不去心若一切菩薩不發是願者犯輕垢罪
若佛子發十大願已持佛禁戒作是願言寧以此身投大
熾然猛火大坑刀山終不毀犯三世諸佛經律與一切女
人作不淨行復作是願寧以熱鐵羅網千重周帀纏
身終不破戒之身受信心檀越一切衣服復作是願

BD00526　梵網經盧舍那佛說菩薩心地戒品第十卷上

身終不破戒之身受信心檀越一切衣服復作是願
寧此口吞熱鐵丸及大流猛火經百千劫終不以破戒之
口食信心檀越百味飲食復作是願寧以此身臥大
火羅網熱鐵地上終不以破戒之身受信心檀越百種
床座復作是願寧以此身受三百鉾刺身終不以破戒
之身受信心檀越百味醫藥復作是願寧以此身
投熱鐵鑊終不以破戒之身受信心檀越千種房舍
屋宅園林田地復作是願寧以鐵槌打碎此身從頭
至足令如微塵終不以破戒之身受信
礼拜復作是願寧以百千熱鐵刀鉾挑
不以破戒之身心視他好色復作是願
錐遍身攙刺耳根經一劫二劫終不以
好音聲復作是願寧以百千刃刀割
不以破戒之心貪嗅諸香復作是願寧

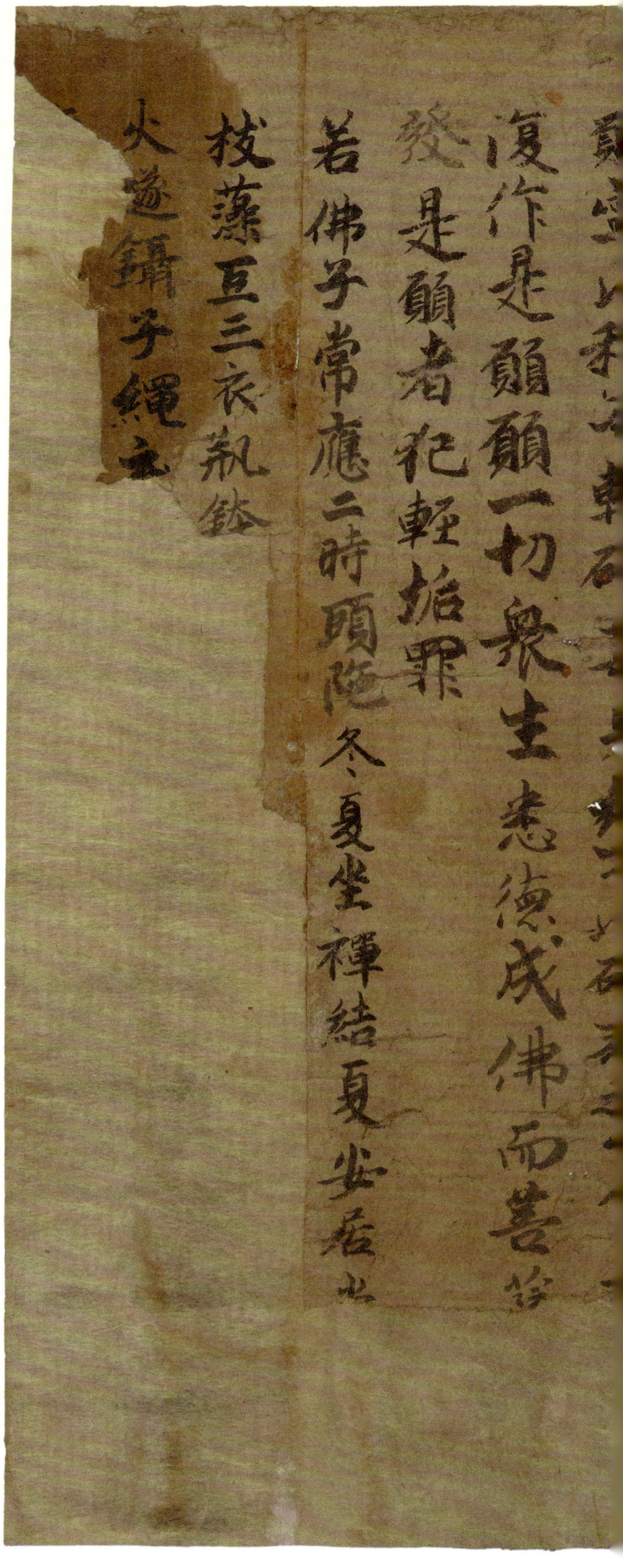

復作是願願一切衆生悉得成佛而菩薩
發是願者犯輕垢罪
若佛子常應二時頭陀冬夏坐禪結夏安居
枝澡豆三衣瓶鉢
火燧鑷子繩床

BD00526　梵網經盧舍那佛說菩薩心地戒品第十卷上

後人看今
得也是大其
見者即

BD00526v　待考文獻

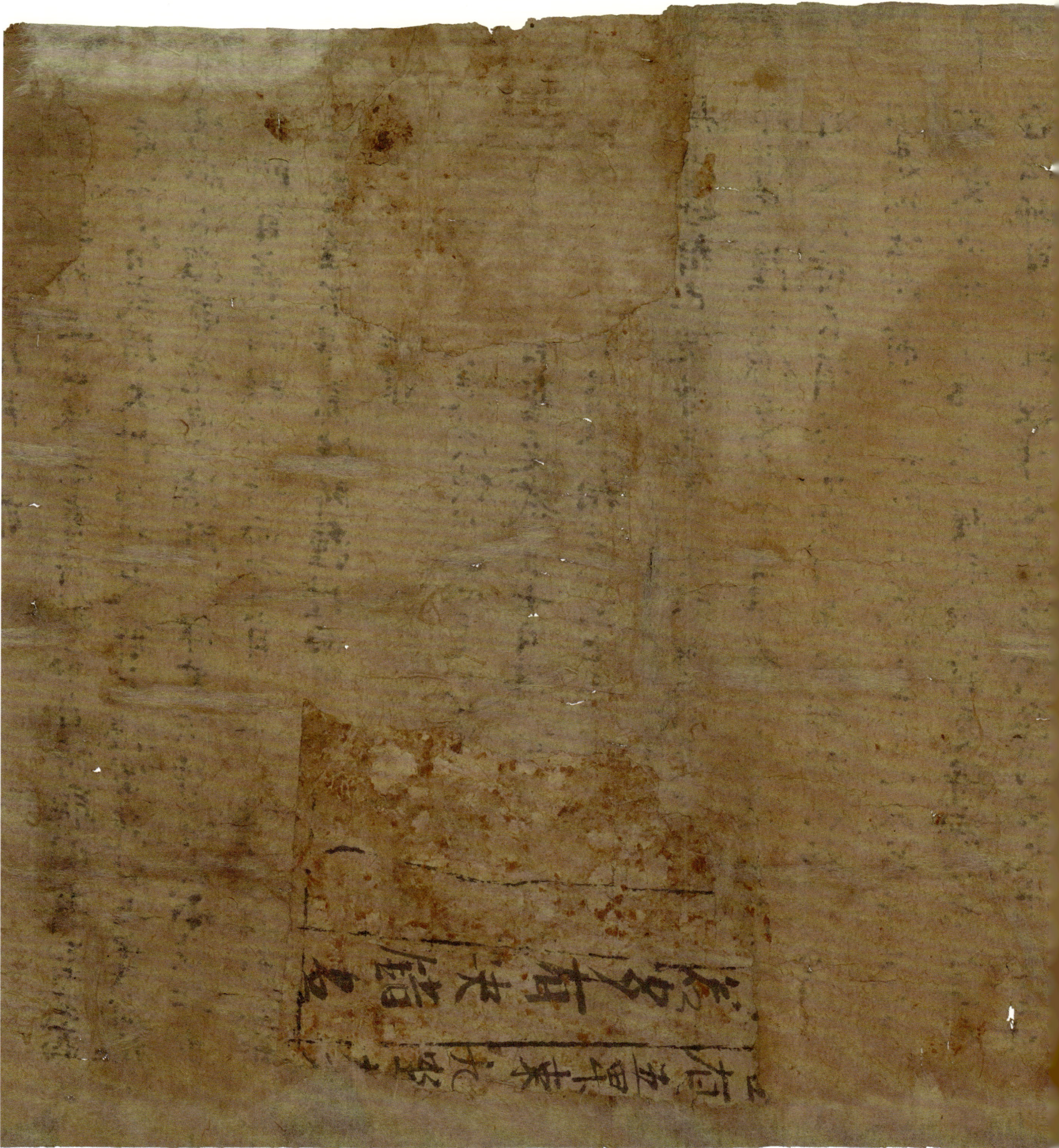

BD00527 大乘密嚴經卷中

（唐）地婆訶羅 譯

BD00527v 雜寫

937.8cm × 25.3cm

…餘
光菩…
剎菩…
…薩星者月菩薩金…
…空藏菩薩…乃至
莊嚴土中諸佛子衆并
說莊嚴微妙功德於法
此土不生餘處然皆隨
其所作利益遂共同心白金剛菩…
薩言尊者願爲我說一切世間若干
之所作如陶工挻埴而造瓶等世間衆
如是作爲不然耶又如伶人擊動絲竹匏木
二[illegible]會[illegible]開[illegible]口是口道一

豈咸在一切中乎為夜摩天兜率陀天他
自在天及以大樹緊那羅作為是善現色
究竟天螺髻梵王無色天作為是一切諸天主
等同天勸力而共作耶
諸佛菩薩以變化力作
於此中起諸迷惑是迷惑
瓶衆為德所依一切世間住於衆
德依於德者展轉合故衆德集成如是世間
亦非是德
若干色像為誰惑亂為有住耶惑有言是大
天王那羅延天自在天作惑謂力沙迦拏提
刧比羅仙自力而作惑有妄執從於勝性
然及時無明愛業而得生起諸天仙等及餘一
切衆世定以迷惑是迷惑焉

然及時無明愛業而得生趣諸天仙等及餘一
切修世定人悲懷疑惑焉
如熱時燄如乾闥婆城
如蜘二首如趣屍行亦如木
中垂髮旋火輪耶尒時金剛藏菩薩反言曰
以偈荅曰
世間衆色像　不從能作生　非是矩鞞羅　因陁羅等作
非大施會　祠祭之福果　雌陁所說因　弄為无定義
復非無有　能持世間因　所謂何賴耶　第八丈夫識
運動於一切　如輪轉衆瓶　如油遍在麻　塩中有鹹味
亦如無常性　普遍於諸色　沉麝等[illegible]
非能作所作　遠離諸外道　一異[illegible]
非有亦非无
不可得分別　定心无礙者　內智之
[illegible]

所有諸通惠 觀行者能見 非餘之所了 藏識亦如是
轉識同行 佛及諸佛子 定者常觀見 藏識持於世
猶如線貫珠 亦如車有輪 隨於業風轉 陶師運輪杖
器成隨所用 藏識與諸界 共力無不成 內外諸世間
彌綸悉周遍 譬如衆星像 布列在
運行常不息 如空中鳥跡 求之不
翱翔而進退 藏識亦如是 不離自他身 如海
如空含萬像 藏識亦如是 蘊藏諸習氣 譬如水中月
及以諸蓮花 與水不相離 不為水所著 藏識亦復然
習氣莫能染 如目有瞳子 眼終不自見 藏識住於身
攝藏諸種子 遍持壽煖識 如雲覆世間 業用增不停
衆生莫能見 世間妄分別 見牛等有角 不了角非有

亦生莫能見　世間妄分別　見牛等有角　不了角非有
因言菟角无　分析至微塵　求角无所有　要待
而起於无見　有法本自无　无見何
展轉互相因　有无二法中　不應起
能覺即不生　譬如旋火輪　翳幻等衆事　皆因少所見
而生是諸覺　若離於所因　此覺即无有　名想互相繫
習氣无有邊　一切諸分別　與意而俱起　證於真實境
[illegible]氣心不生　從於无始來　沉迷諸妄境　戲論而熏
生於種種心　能取及所取　衆生心自性　瓶衣等諸相
離心无所有　一切唯有覺　所覺義皆无　能覺所覺性
自然如是轉　習氣擾濁心　凡愚不能見　如海
波浪无停止　心爲境風動　識浪生亦
自內而執取　如地无分別　庶物依以生　藏識亦復然

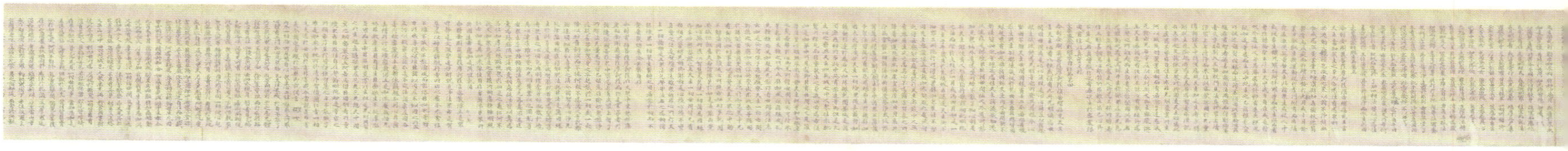

現境還自緣　是心之境界　普遍於三有　久修觀行者
而能善通達　內外諸世間　一切唯心識
尒時金剛藏菩薩摩訶薩說此語竟默然而
住無處所微妙之禪遊法界門入諸佛境
見有无量佛子當來此國住勝
起放大光明其光普照欲色无色天悉天
是光明中復見无量殊勝佛土有无量佛好
相好莊嚴隨諸世間之所欲樂而為利益皆
使受持密嚴名号彼諸佛子手相觀察而作
是言密嚴佛土能淨衆福滅一切罪諸觀行
人所住之處於諸佛國最上无比我等聞名
心咸悅樂可共俱往時諸佛子各從所住而來
此國尒時淨居諸天與阿迦尼吒螺髻

此國尒時淨居諸天與阿迦尼吒螺髻
會一處咸於此土佛及菩薩生
王言天主我等今者咸興是念何時當得尼
侍天王詣密嚴土尒時梵王聞是語已與諸
天衆邊即同行中路持迴良知所適梵王先
悟作是思惟密嚴佛國觀行之境若非其人
何階可至非是欲色无色諸天及外道神通
所能往詣我今云何而來至此復自念言或
共中天假吾威力而能速往作是念已發聲帰
命即時見有无量諸佛在於道
時螺髻梵王即白佛言世尊我等今者當
所作而能速詣密嚴佛土佛告之言汝可退
還所以者何密嚴佛國觀行之境得正定人

還天宮尒時淨居諸天共相議言螺髻梵王
有大威力而不能往當知此土最為殊勝但是
得如幻三昧諸觀行人所行之境
嚴功德具聲展轉靡不傳聞尒時
来此會者聞是語已益加欣敬白金剛藏菩
薩摩訶薩言我等於法深懷渴慕惟願大明
明為我宣說金剛藏言佛所說法誰能具演
唯除如来之所護念夫如来者於觀行中最
勝自在所有境界不可思議云何可為非觀
行人開示演說時持進菩薩及須夜摩諸佛
子等復共同聲請言速說尒時神
文殊師利菩薩慈氏菩薩緊那羅
無量諸菩薩衆復作是言善哉仁者願速為

BD00527　大乘密嚴經卷中

無量諸菩薩衆復作是言善哉仁者願速爲
說是時復有无量諸天於虚空中作天妓樂
同心勸請當介之時螺髻梵王承佛威力而
來此會向金剛藏菩薩摩訶薩而說偈言
今此諸大會 嚴飾未曾有 悉是尊弟子 聰慧无等倫
皆於尊者處 渴仰而求法 我今猶未知 所問爲何等
爲問憍羅婆 勝園及頂生 乃至盛年馬 轉[illegible]
爲問甘蔗種 十弓持國王 欲色无色中 人天等[illegible]
爲問菩薩行 獨覺及聲聞 乃至阿脩羅 星像等衆論
惟願如其事 次第而演說 我等及天人 一心咸聽受
介時金剛藏菩薩摩訶薩告諸大衆汝豈不
聞螺髻梵王淨居天衆及諸佛子勤心請法
介時解脫月菩薩無盡慧菩薩虚空王菩薩

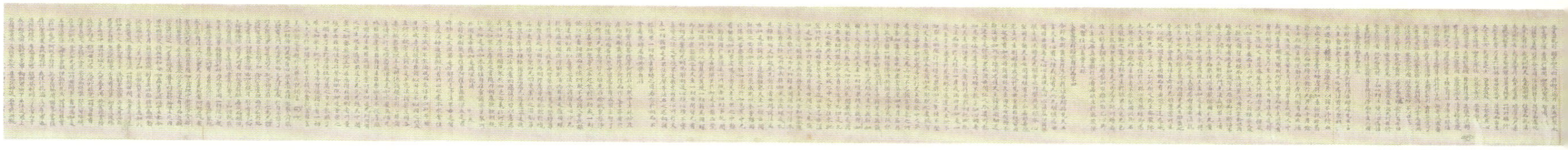

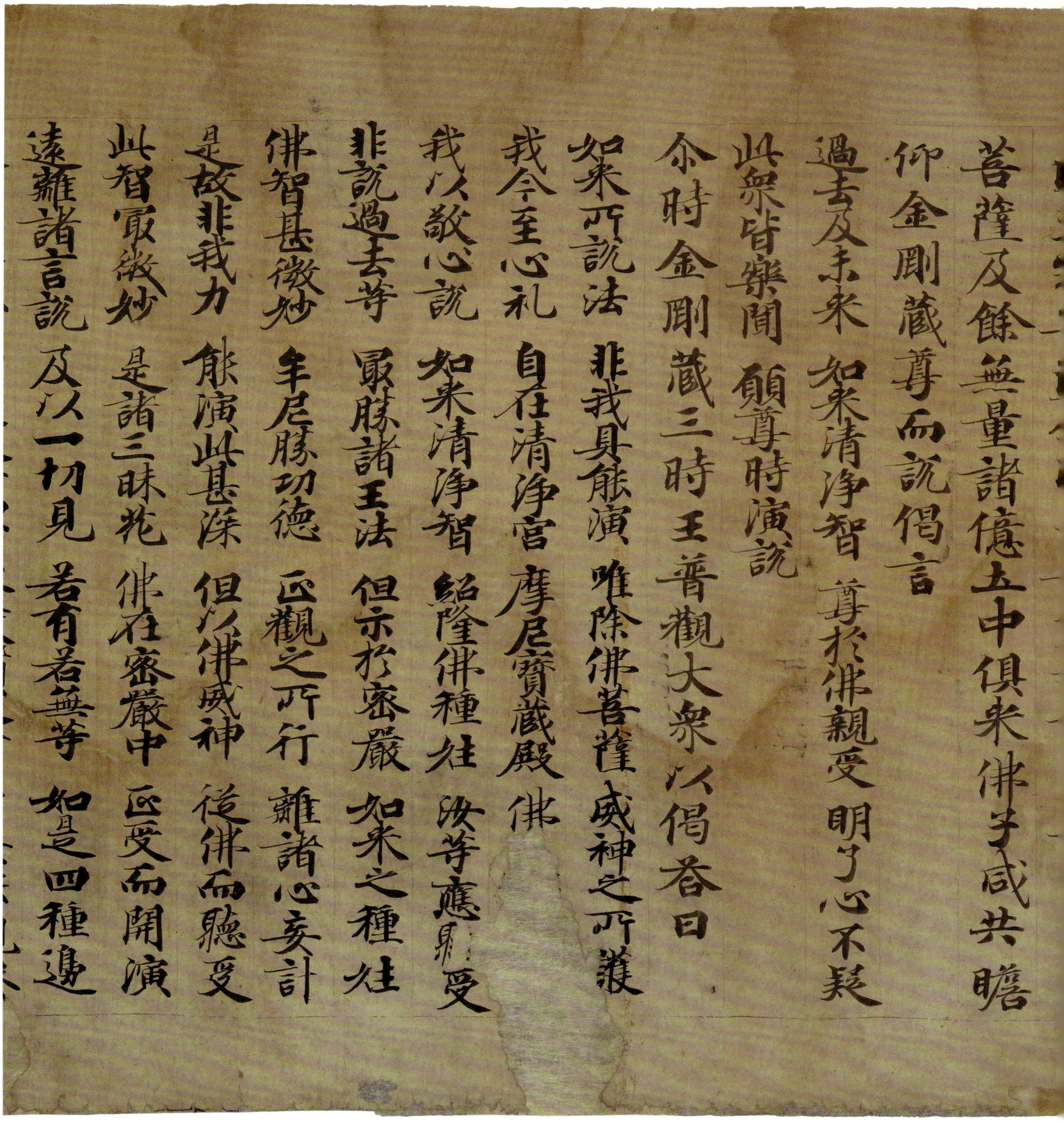
菩薩及餘無量諸億土中俱來佛子咸共瞻
仰金剛藏尊而說偈言
過去及未來　如來清淨智　尊於佛親受　明了心不疑
此衆皆樂聞　願尊時演說
尒時金剛藏三時王普觀大衆以偈荅曰
如來所說法　非我身能演　唯除佛菩薩　威神之所護
我今至心礼　自在清淨宮　摩尼寶藏殿　佛
我以敬心說　如來清淨智　紹隆佛種姓　汝等應聽受
非說過去等　最勝諸王法　但示於密嚴　如來之種姓
佛智甚微妙　牟尼勝功德　正觀之所行　離諸心妄計
是故非我力　能演此甚深　但以佛威神　從佛而聽受
此智最微妙　是諸三昧花　佛在密嚴中　正受而開演
遠離諸言說　及以一切見　若有若無等　如是四種邊

BD00527　大乘密嚴經卷中

遠離諸言說　及以一切見　若有若無等　如是四種邊
是名最清淨　中道之妙理　密嚴諸定者　於此能觀察
離著而轉依　速入如來地
尒時會中諸佛子衆聞金剛藏菩薩摩訶薩
說是偈已稽首恭敬而白之言我等於法深
生愛樂如渴思漿如蜂念蜜今此會中諸佛
子衆於深定智皆得自在有大神力王諸世界
願聞如來所說之法唯願尊者以梵音聲因陁
羅聲及以如來衆所悅可深遠之音演殊勝
義令得顯了金剛藏菩薩言如來所說甚
真實希有難見辟如空中無樹等物而見其
影甚爲希有如來所說希有亦然如空中風
及以鳥跡無能見者牟尼所說種種義趣難

及我之所見譬如夢境乹闥婆城今此會中
諸觀行者有大智慧於真實義已得門
今云何能為是人說不思議諸佛境界雖然
當承如來威神之力為衆宣述汝諸佛子咸
應諦聽如來所說文義相應出過心意非喻
所及譬如妙華衆蜂覽採先至之者取其精
粹後來至者但味其餘如是如來得法精粹
我味其餘為衆說耳即說偈言
天中天境界　增悅諸明智　非心口所能　度量分別
為欲普降伏　世間憍慢心　示同人之形　佛相莊嚴飾
圓光及輪輻　種種皆成就　遊處諸宮殿　人天共所瞻
如來四時中　常依密嚴住　而於諸世界　現生及涅槃
淳善少減時　惡生及濁乱　隨諸衆生

[illegible]
淳善少減時　惡生及濁乱　隨諸衆生
業用无暫停　密嚴恒不動　密嚴無垢
惡生濁乱時　顯示如來相　譬如淨滿月　影遍於衆水
如是諸色像　普現於世間　如來淨智境　智者[illegible]
以諸衆生類　所樂各不同　佛以種種身　隨宜而應化
或見大自在　或見毗紐天　或見迦毗羅　住空而說法
或見毗陁者　或復見常行　或見婆旦那　鳩摩及尸棄
羅睺敦部等　及至竪那羅　甘蔗月種王　一切所瞻仰
金剛等衆寶　乃至於鈆錫　皆由佛威力　隨應而出生
天女及龍女　乹闥婆之女　治容而進趣　不能惑其心
欲界中諸境　如來已降伏　色無色亦然　無有能[illegible]
無想諸定者　未離於惑纏　非安非清淨　退墮而流轉
[illegible]

知佛而嚴飾　意生之妙身　修行於十地　施等波羅蜜
衆相以莊嚴　其身甚清淨　遠離於分別　亦非無覺了
無有我意根　慧根常悅樂　施等諸功德　淨業悉圓滿
得佛勝所依　密嚴之淨國　此土最微妙　不以日爲
諸佛及菩薩　舒光而普照　其光甚威曜　逾於百千日
無有晝夜時　亦無老死患　密嚴最勝處　諸天所希仰
最上修行者　地地而進修　了知一切法　皆以心爲性
善說阿賴耶　三性法無我　其身轉清淨　而來生此國

大乘密嚴經胎生品第三

尒時金剛藏菩薩摩訶薩復告螺髻梵王言
天主當知衆生之身九物爲性有爲衆相所
共遷動大種諸色微塵之聚以諸不淨精血
合成爲無量業常所纏覆譬如毒樹扶踈翳

共遷動大種諸色微塵之聚以諸不淨精血
合成為無量業常所纏覆譬如毒樹扶疎蓊
欝貪恚及癡而共增長餘於九月或十月餘
業力駈馳生機運動從於產門倒首而出煩
冤逼迫受無量苦天主此諸衆生或從人中
或從畜生餓鬼羅剎阿修羅等而來生此或有
曾作轉輪聖王乃至天中威力自在或是持
呪外道仙人并其眷屬或修禪者退失禪定
從如是等處而生此中既生之已諸根長大隨
所親近宿習因緣而造諸業復因此業輪迴諸
趣若有智者遇善知識聞法思惟而得解悟不
著文字雜諸分別入三解脫門見法真理最上清
淨最上上清淨而來住此密嚴佛國於无量

角形生死陁劫[illegible]
名天中之天諸佛子衆所共圍遶天主胎藏之
身虛僞不實非自性生亦非无明愛業所生
何以故無明愛業因相而有若能了達悉滅
无餘亦无名字及以分別斯人即生密嚴佛
土天主若諸定者住於三昧心有攀緣即爲
色聲之所誑惑而生取著不能堅固此即名
爲散動之道是三昧力生於欲界及色无色
乃至無想衆生之處是人即爲三昧所縛若
住三昧善調其心離能所取離二取已心即
不生是名真實觀行之者若欲生於密嚴佛
國當（常）住此真實三昧

大乘密嚴經顯示自作品第四

尒時金剛藏菩薩摩訶薩復告螺髻梵天王

尒時金剛藏菩薩摩訶薩復告螺髻梵天王
言天主心有八種或復有九與无明俱爲世
間因世間悉是心心法現是心心法及以諸根
根生滅流轉爲无明等之所變異其根本心
堅固不動天主世間因緣有十二分若根若境
能生所生剎那壞滅從於梵世至非非想皆因
緣起唯有如來離諸因緣天主內外世間動不
動法皆知瓶等壞滅爲性天主諸識微細遷
流速疾是佛境界非諸世間仙人外道所能
知見衆仙外道爲愛所纏不能了知心相差
別天主假使有人勉意勤行歌讚祠祀毗陁
之法而際於火經於一月或滿四月如是一
歲至于千歲生於梵境終亦退還天主汝不

國天王密嚴[illegible]
之得若樂解脫應善修行天王密嚴中人無
有眷屬生死之患其心不為諸業習氣之所
染著如蓮花出水如虛空無塵如日月高昇
淨無空[雲]翳一切諸佛恒共攝受沐淨式流飲
智慧液得真實解度生死岸天王眾生身中諸界五蘊識
等眾法皆無所有眼色為緣而生於識譬如
因木火得熾然天王一切境界隨妄識轉如
鐵動移逐於慈石又如陽燄乾闥婆城是諸
渴鹿愚幼所取此中無有能造等物但是凡
夫心之變異天王如乾城之中人眾往來馳
騖所作見而非實眾生之身進止云為亦復
如是如夢中所見寤即非有世間之人見蘊
等法覺心明照本來寂靜天王地等和合微塵

等法覺心明照本来寂靜天主世等和合微塵
之聚若離於心即无所得世間諸物可持舉
等類非大種之所合成辟如風淡病緣或乱
見種種物又如起屍无能作者世間諸法悉
亦如是汝諸佛子應懃觀察天主一切世間
動植之物辟如水沫共聚成形氣衣等想同
於陽燄苦樂諸受猶如浮泡行如芭蕉中无
有堅識如幻事虛偽不實天主三界之中動
不動法同於夢境迷心所現亦如幻事乹闥
婆城但誑愚夫若諸佛子於如是法能正覺
知心無所畏以智慧火焚燒一切諸患因緣
即生妙樂密嚴之土天主一切世間皆无有
相相為繫縛无相即解相是心境心境不實

根境界一切衆生繫縛之因若能於相而不
貪著衆縛悉除安樂自在
尒時寶髻菩薩摩訶薩在大衆中坐殊妙座
座向金剛藏菩薩摩訶薩而作是言尊者於
諸億佛國菩薩衆中最為上首成最上智了
所智法无量悉擅皆已明見在瑜祇衆能淨
彼疑善巧知衆生身之本起能於一切或一劫
餘以妙音詞演而不倦何故不為諸人等說離
諸違順似非似真實之法令諸智者心淨无
疑捨蘊因緣疾得解脫法與非法是蘊因緣
生於此身及後身故智能脫苦愛為堅縛尊
者衆生之心因色與明作意等緣馳散於境

BD00527　大乘密嚴經卷中

者衆生之心因色與明作意等緣馳散於境
其心速疾難可覺知无明愛業以之濁亂尊
者衆生身中種種諸法意爲先導意最速疾
意爲殊勝隨所有法與意相應彼法皆以意爲
其性如摩尼珠顯現衆彩如是之義仁何不
說又如衆色摩尼之寶隨所相應種種明現
仁亦如是具如來像住自在宮諸佛子衆所
共圍遶亦應如是隨宜說法
亦如是
尒時金剛藏菩薩摩訶薩言密嚴佛土是最
寂靜是大涅槃是妙解脫是淨法界亦是智
慧及以神通諸觀行者所止之處本來常住
不壞不滅水不能濡風而能燥非如瓶等動

差別故密嚴佛土是轉依識超分別心非諸
妄情所行之境密嚴佛土是如來處無始無
終非微塵生非自性生非樂欲生不從摩醯
首羅而生亦非無明愛業所生但是無功用智
之所生起出過欲界及色無色無想天中闇
冥之網密嚴佛土阿若悉擅非因明者所量
境界亦非勝性自在聲論毗陁如是等宗之
所顯示乃至於資糧位智慧之力不能照了
唯是如來十地所修清淨智境諸仁者一切
凡夫迷於世間於業非業我今當說業非業
義令諸定者獲於安樂即說偈言　哎哎
內外一切物　所見唯自心　衆生心二性　能取及所取
心體有二門　即心見衆物　凡夫性迷惑　於自不能了

心體有二門 既心見衆物 凡夫性迷惑 於自不能了
所見衆境界 皆是自所爲 執等相現前 求之悉无體
諸仙智微劣 不能明了知 捨於真實理 而行分別路
是心有二性 如鏡含衆像 亦如水現月 翳者見毛輪
毛輪瓔珞珠 此皆无所有 但從病翳眼 若斯而顯現
執衣皆自識 衆生亦復然 虛妄計著人 不知恒執取
衆生及執等 種種諸形相 內外雖不同 一切從心起
此密嚴妙定 非餘之所有 若有能修行 出過於衆地
或生欲自在 及以色界天 乃至无想宮 阿迦尼吒處
空識無所有 非想非非想 如是諸地中 漸次除貪欲
住彼非究竟 尋來生密嚴 佛子衆圍遶 自在而遊戲
汝應修此定 何爲著親屬 眷屬相羅縛 輪迴生死因
男女相貌愛 精血共和合 如蟲生臭泥 此中生亦尒

父母無有數　妻子亦復然　一切諸世間　無處不周遍
譬如石女人　夢已忽生子　捧對方歡樂　尋又見其亡
悲哀不自勝　忽然從睡覺　不見有其子　初生及後終
又夢山川中　田野村城邑　人衆悉充滿　共營諸業務
彼此手相見　猶如世所為　及從於睡覺　一切皆非有
復有多欲人　夢瞻於女色　姿容極姝麗　服玩皆珍綺
在夢極歡娛　覺已即无見　一切世間事　當知悉如是
王位及軍旅　父母等宗親　但誑於凡夫　體性皆非實
汝於如是定　何故不勤修　無量諸聲聞　獨覺及菩薩
在於空閑處　山林恒寂靜　或住於乳海　及以摩羅延
須彌與臏陁　摩醯因陁羅　雞羅娑利師　乃至雪山等
或在劫波樹　波利耶多羅　拘鞞羅樹下　半住波羅上
食閻浮果味　及諸不死食　具足諸神通　而常修此觀

食閻浮果味　及諸不死食　具足諸神通　而常修此觀
過去未來世　常坐於蓮花　結跏身不動　正定恒觀察
諸根善調攝　不散於衆境　譬如烏得鈎　離欲而三昧
世間若出世　一切諸定中　佛定淨无垢　貪愛皆除遣
遍處无色定　無想等禪中　見日月蓮花　水火虚空相
若離是分別　其心不動搖　即於三昧中　見无量諸佛
一時共舒手　以水灌其頂　如是入佛地　一切皆明覺
具足衆色身　隨宜而普現　力通諸自在　三昧陁羅尼
如是等功德　莫不皆成就　分析於諸色　乃至觀微塵
自性無所有　譬如㣇菟角　無分无分者　蘊有蘊亦然
同於幻所作　一切皆如是　此中无業果　亦無作業人
無能作世間　設有非能作　能作待於作　何名能作人
此言成過失　説者非清淨　若謂云何有　水輪與地輪

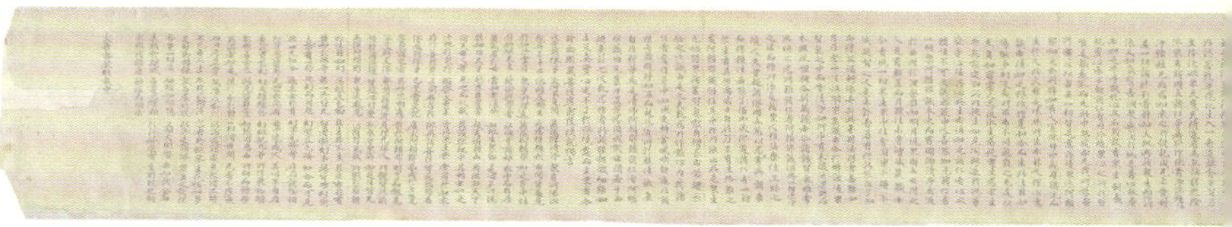

諸行[illegible]
同於乳酪瓶　如是生住滅　若業若非業　於斯生妄計
定者常觀此　如夢與乾城　衆生無始來　戲論所熏習
生起於分別　種種衆過咎　諸根猶如幻　境界同於夢
能作作及業　定者不分別　智慧微妙者　妄生諸惡見
計有於能作　作一切世間　或謂摩尼珠　金銀等衆礦
鳥獸色差別　刺端纖以利　此等誰所爲　當知無作者
世間非勝性　微塵等緣作　亦非無有因　自然而得有
或心妄計者　不知其體性　爲業爲非業　如是而分別
如毒入於乳　隨變與相應　諸法亦復然　分別常俱起
法性非是生　亦非是滅壞　或者不能了　種種異分別
定者應觀察　世間唯積聚　若業若非業　於此物思惟
諸趣乎來往　譬如於日月　在空无所依　隨風而運轉
業性甚微隱　密嚴者能見　修行觀行人　不爲其所縛

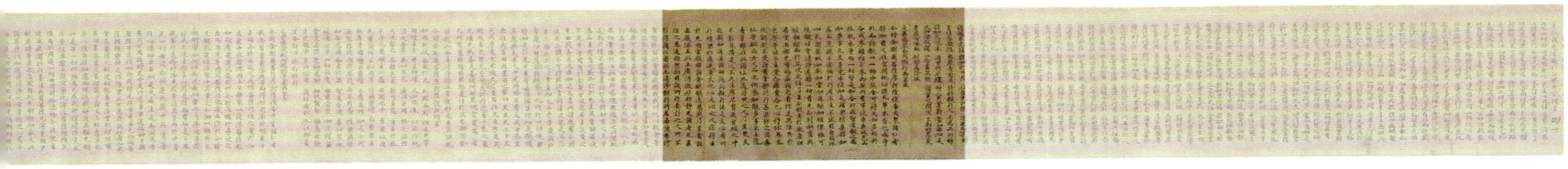

諸趣乎來往 譬如於日月 在空無所依 隨風而運轉
業性甚微隱 密嚴者能見 修行觀行人 不為其所縛
譬如火燒木 須臾作灰燼 智火焚業薪 當知亦如是
又如燈破闇 一念盡無餘 諸業之闇冥 多劫所熏聚
牟尼智燈照 剎那悉除滅

大乘密嚴分別觀行品第五

尒時金剛藏菩薩摩訶薩復告大眾諸仁者
譬如有人在空閑地以泥瓦草木背之成宇
既而諦觀一一物中無舍可得又如多指共
合成拳離指求拳即無所有軍徒車乘城邑山
林瓶衣等物一切皆是和合所成智者觀之悉
如夢事凡夫身宅亦復如是諸界積集譬如
高山危脆不安同於朽屋不生不滅非自非他

現者性空清淨遠離
跋相假而行無決定性乃至分析至於微塵但
有空名都无實物若諸定者作是思惟即於
色聲等法不生覺念離覺念已心得休息泰
然解脫不受諸有常樂修行甚深禪定諸天
仙等端正女人而來供養如觀夢事不生染
著身雖在此諸仙外道持呪之人乃至梵天
不能見頂是人不久生摩尼寶藏宮殿之中
遊戲神通具諸功德此觀行法是大心者所
行境界仁應速廣大之心大心之人疾得生
於光明宮殿離諸貪欲瞋恚愚癡乃至當詣
密嚴佛土此土廣博微妙寂靜无諸老死衰
惱之患遠離衆相非識所行妄計之人所不
能得諸仁者此土清淨觀行所居若懷希仰

BD00527　大乘密嚴經卷中

能得諸仁者此土清淨觀行所居若懷希仰
當勤修習斷貪瞋癡離我我所何以故貪等
煩惱取諸境界若於取境即二覺生如有女人
端正可喜有多欲者見已生著欲心迷亂若
行若坐飲食睡眠專想思惟更無餘念彼女
容相常現於心此心即爲境界淤泥之所濁亂
是故於境不應貪著諸仁者譬如有人見牛
鹿山羊有角之獸即於鹿兔生無角解若使
不見牛等有角於鹿兔等決定不生無角之
見世間妄見悉亦如是忘有所得起有分別
後求其體不可得故便言諸法決定是無乃
至未離分別之心常生如是不平等覺諸仁
者應以智慧察諦觀察心之所行一切境界
……作如是觀道

其意樂生人中或轉輪王
来往或生日月星宿之宫四天王天三十三
天夜摩天兜率陁天乃至自在天主摩尼藏
殿或生色界梵身等天修行定者十梵之處
无煩无熱善見善現阿迦尼吒空處識處
无所有處非想非非想處住於彼已漸除貪
欲從此而生清淨佛土常遊妙定至真解脫
尒時金剛藏菩薩摩訶薩復説偈言
如因瓶破　而成於瓦　刹那各別　恒是无常
因種生牙　牙生種壞　又如陶匠　以泥作瓶
泥是奢摩　瓶如其色　若復兼用　餘色泥作
火燒熟已　各雜色生　箭竹生葱　角生於蒜
不淨之處　蠅生於蟲　世間之中　有果似因
或有衆多因同皆　皆同處　而有果生

BD00527　大乘密嚴經卷中

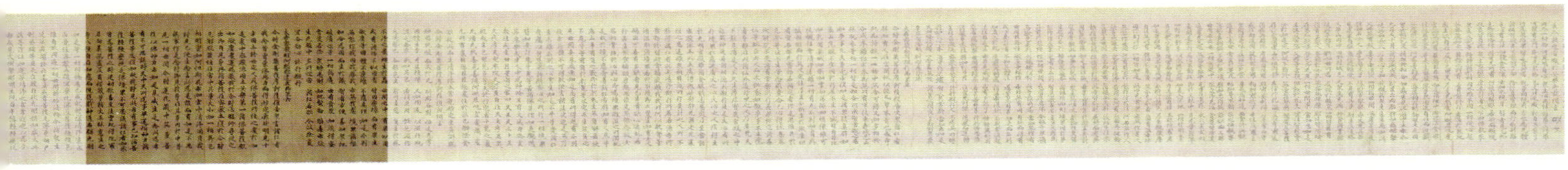

不淨之處　蠅生於蟲　世間之中　有果似因
或有諸物　不似因者　皆因變壞　而有果生
微塵等因　體不變壞　不應妄作　如是分別
無能作我　內我勝我　亦無我意　境界諸根
和合爲因　而生於識　智者方便　善知衆地
破煩惱等　一切諸魔　世有貪愛　如淤得蜜
貪愛若除　衆縛悉解　如蚍螫物　瞋毒亦然
生死趣中　多所惱害　諸仁若欲　令彼除盡
宜各勤心　修行觀行

大乘密嚴經阿賴耶建立品第六

尒時金剛藏菩薩摩訶薩復告衆言諸仁者
我念昔曾蒙佛與力而得妙定廓然明見十
方國土修世定人及佛菩薩所住之處於如

出即自見身與諸菩薩在密嚴土復於尒時
見解脫藏住在宮中其量大小如一指節色
相明潔如阿怛斯花亦如空中清淨滿月我
時見已便生念言此為是誰而有如是不思
議事作是念時即見我身在其身內於中普
見一切世間尒時蓮花藏中無量菩
薩以佛神力亦如是見咸生是念此為希
有不可思議時天中天所為事畢還攝神力諸
菩薩等悉復如故我時見此希有事已知諸菩
薩種種變現是佛境界不可思議諸仁者如來
昔為菩薩之時從初歡喜至法雲地得陁羅
尼句義無盡及首楞嚴等諸大三昧意生之
身八種自在如應而現遊戲神通名稱光明

身八種自在如應而現遊戲神通名稱光明
如是等一切功德悉已成就轉復清淨遠成
正覺住密嚴土隨宜變化佛及菩薩種種色
像自然周遍一切世間轉妙法輪令諸衆生
速滅癡闇修行善法或有菩薩見佛身相尸
利婆蹉等具足莊嚴自然光明猶如盛火與
諸菩薩住如蓮華清淨之宫常遊定以爲安
樂或見大樹緊那羅王現百千億種種變化
如月光明遍諸國土或見无量佛子智慧
善巧衆相莊嚴頂飾寶冠身佩瓔珞住兜率
陁天等諸天之宫或見普賢有大威力得一
切智無礙辯才身相光明獨无輪比所居宫
殿如淨滿月雖住密嚴正定之海而現衆色

乾闥婆[illegible]
或復見有觀行之師諸佛子衆所共圍繞住
禪寂靜猶如睡眠而離昏沉懈怠等過患曾
侍奉无量諸佛或復有見爲大導師降神
誕生出家苦行一心正受乃至涅槃於虛
空中行住坐卧現諸神變令閻浮提至色究
竟諸天人等莫不瞻仰諸仁者諸佛體性唯
佛所知佛之智慧最上無比如釋迦牟尼人
中師子之所已得汝諸佛子咸當得之是故仁等
應生淨信信爲佛體必當解脫斯人或作轉
輪聖王及諸小王乃至或至梵天等宮而爲天
主是諸佛子轉復精進於蓮花藏清淨佛土
與諸菩薩蓮花化生入一乘道離貪等習乃
王降伏欲界天魔決精進者志無怯弱光隆

與諸菩薩蓮花化生入一乘道齎負普智大
王降伏欲界天魔夫精進者志無怯弱光隆
佛家王諸國土諸仁等若欲作佛當淨佛種性
淨種姓已必為如來之所授記成无上覺利
益一切諸修行者譬如大地與諸衆生而作所
依又如良醫善調衆藥周行城邑普心救療
亦如是平等教化心無分別設有衆生割截
肌膚心亦不動諸仁者內外境界心之所行皆
唯是識惑亂而見此中無我亦无我所能容
所容及以容具一切皆是意識境界依阿賴
耶如是分別譬如有人置珠日中或因鑽燧而
生於火此火非是珠燧所生亦非人作心意
識亦復如是根境作意和合而生此性非如

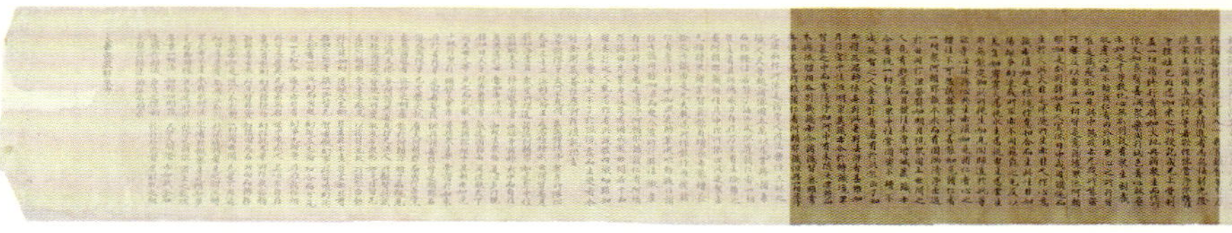

覺能如[illegible]
耶無能定知此所從生如見陶師造於瓶等
欲等心法與心共生亦須如是諸仁者心之
體性不可思議密嚴中人善能知見諸仁者
一切衆阿賴耶識本來而有圓滿清淨出過
於世同於涅槃譬如明月現衆國土世間之
人見有虧盈而月體性未曾增減藏識亦
尒普現一切衆生界中性常圓潔不增不
減無智之人妄生計著若有於此能正了知
即得無漏轉依差別此差別法得者甚難如
月在空中性恒明潔藏識亦尒於轉識境界
習氣之中而常清淨如河中有木隨流漂轉而
木與流體相各別藏識亦尒諸識習氣雖常
與俱不爲所雜諸仁者阿賴耶識恒與一切染淨

BD00527　大乘密嚴經卷中

木與流體相各別識諸亦尒許諸[illegible]
與俱不爲所雜諸仁者阿賴耶識恒與一切染淨
之法而作所依是諸聖人現法樂住三昧之
境人天等趣諸佛國土悉以爲[日]常與諸乘
而作種性若能了悟即成佛道諸仁者一切
衆生有具功德威力自在乃至有生險難之
處阿賴耶識恒住其中作所依止此是衆生
无始時界諸業習氣能自增長亦能增長
餘之七識由是凡夫執爲所作能作内我諸
仁者意在身中如風速轉業風吹動遍在諸
根七識同時如浪而起外道所計勝性微塵
自在時等悉是清淨阿賴耶識諸仁者阿賴
耶識由先業力及愛爲因成就世間若干品
[illegible]

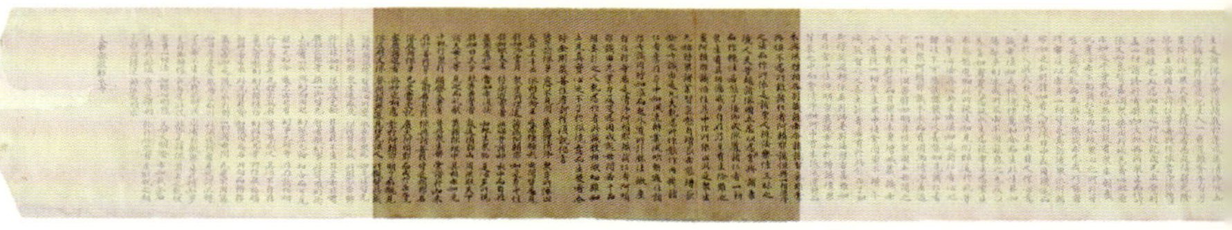

時金剛藏菩薩摩訶薩復說偈言
汝等諸佛子　云何不見聞　藏識體清淨　衆身所依止
或具三十二　佛相及輪王　或為種種形　世間皆悉見
譬如淨空月　衆星所環遶　諸識阿賴耶　如是身中住
譬如欲天主　侍衛遊寶宮　江海等諸神　水中而自在
藏識處於世　當知亦復然　如地生衆物　是心多所現
譬如日天子　赫奕乘寶宮　旋遶須彌山　周流照天下
諸天世人等　見之而礼敬　藏識佛地中　其相亦如是
十地行衆行　顯發大乘業　普與衆生樂　常讚於如來
在於菩薩身　是則名菩薩　佛與諸菩薩　皆是賴耶名
佛及諸佛子　已受當受記　廣大阿賴耶　而成於正覺
密嚴諸定者　與妙定相應　能於阿賴耶　明了而觀見
佛及辟支佛　聲聞諸異道　見理无怯人　所觀皆此識

密嚴諸定者　與彼定相應　能於阿賴耶　明了而觀見
佛及辟支佛　聲聞諸異道　見理无怯人　所觀皆此識
種種諸識境　皆從心所變　瓶衣等衆物　如是性皆无
悉依阿賴耶　衆生迷惑見　以諸習氣故　所取能取轉
此性非如幻　陽焰及毛輪　非生非不生　非空亦非有
譬如長短等　離一即皆无　智者觀幻事　此皆唯幻術
未曾有一物　與幻而同起　幻焰及毛輪　和合而可見
離一无和合　過未亦非有　幻事毛輪等　在在諸物相
此皆悉變異　无體亦無名　世中迷惑人　其心不自在
妄說有能幻　幻成種種物　幻師執凡等　所作衆物類
動轉若去來　此見皆非實　如鐵因慈石　所向而轉移
藏識亦如是　隨於分別轉　一切諸世間　无處不周遍
如日摩尼寶　無思及分別　此識遍諸處　見之謂流轉
不死亦不生　本非流轉法　定者勤觀察　[illegible]

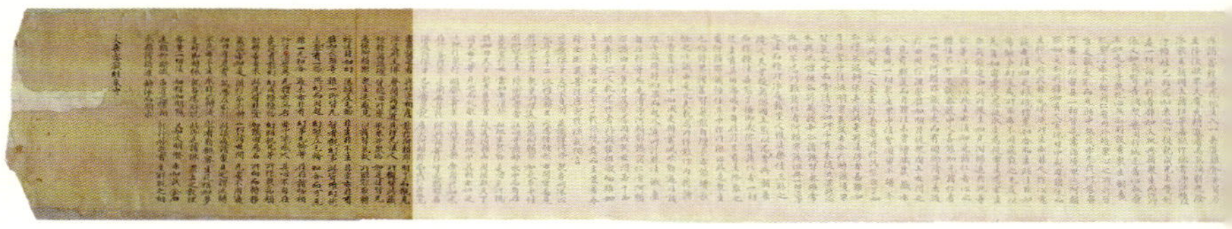

審量一切法　如稱如明鏡　又如大明燈　亦如試金石
遠離於斷滅　正道之摽相　修行妙定者　至解脫之相
永離諸雜染　轉依而顯示

大乘密嚴經卷中

BD00527　大乘密嚴經卷中

BD00527v　雜寫

BD00528 大般若波羅蜜多經卷三七

（唐）玄奘 譯

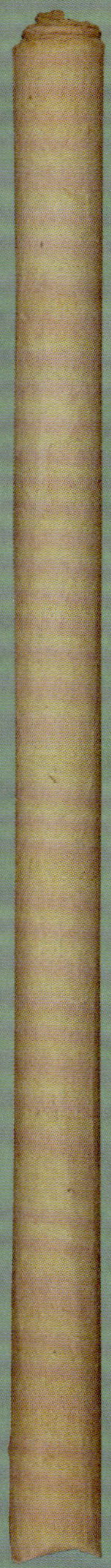

77.8cm × 29.2cm

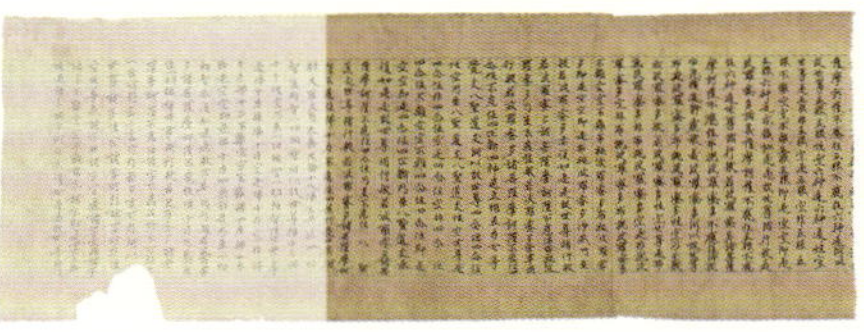

薩摩訶薩不應住五眼不應住六神通何以
故世尊五眼五眼性空六神通六神通性空
世尊是五眼非五眼空是五眼空非五眼五
眼不離空空不離五眼五眼即是空空即是
五眼六神通亦復如是是故世尊脩行般若
波羅蜜多諸菩薩摩訶薩不應住五眼不應
住六神通世尊脩行般若波羅蜜多諸菩薩
摩訶薩不應住布施波羅蜜多不應住淨戒
安忍精進靜慮般若波羅蜜多何以故世尊
布施波羅蜜多布施波羅蜜多性空乃至般
若波羅蜜多般若波羅蜜多性空世尊是布
施波羅蜜多非布施波羅蜜多空是布施波
羅蜜多空非布施波羅蜜多布施波羅蜜多

般若波羅蜜多亦復如是是故世尊脩行般
若波羅蜜多諸菩薩摩訶薩不應住布施波
羅蜜多乃至不應住般若波羅蜜多世尊脩
行般若波羅蜜多諸菩薩摩訶薩不應住四
念住不應住四正斷四神足五根五力七等
覺支八聖道支何以故世尊四念住四念住
性空乃至八聖道支八聖道支性空世尊是
四念住非四念住空是四念住空非四念住
四念住不離空空不離四念住四念住即是
空空即是四念住四正斷乃至八聖道支亦
復如是是故世尊脩行般若波羅蜜多諸菩
薩摩訶薩不應住四念住乃至不應住八聖
道支世尊脩行般若波羅蜜多諸菩薩摩訶
薩不應住佛十力不應住四無所畏四無礙

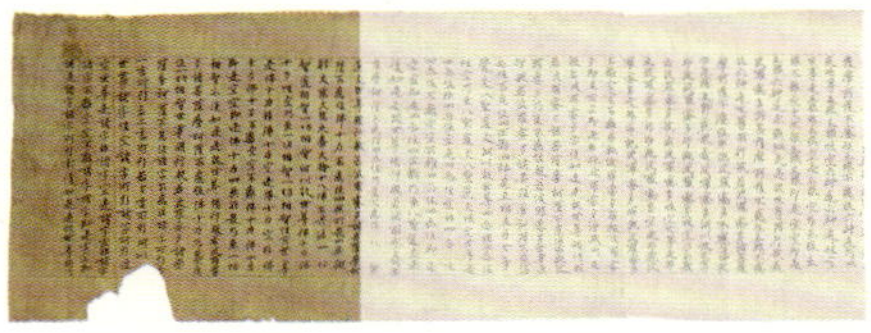

道故世尊脩行般若波羅蜜多諸菩薩摩訶
薩不應住佛十力不應住四無所畏四無礙
解大慈大悲大喜大捨十八佛不共法一切
智道相智一切相智何以故世尊佛十力佛
十力性空乃至一切相智一切相智性空世尊
是佛十力非佛十力空是佛十力空非佛
十力佛十力不離空空不離佛十力佛十力
即是空空即是佛十力四無所畏乃至一切
相智亦復如是是故世尊脩行般若波羅蜜
多諸菩薩摩訶薩不應住佛十力乃至不應
住一切相智世尊脩行般若波羅蜜多諸菩
薩摩訶薩不應住諸字不應住諸字所引若
一言所引若二言所引若多言所引何以故
世尊諸字性空諸字所引諸字所引性
[illegible]

諸是諸字諸字所引亦復如是是故世尊脩行

BD00529　大乘稻芉經

BD00529v　十王逆修生七及亡人齋（擬）

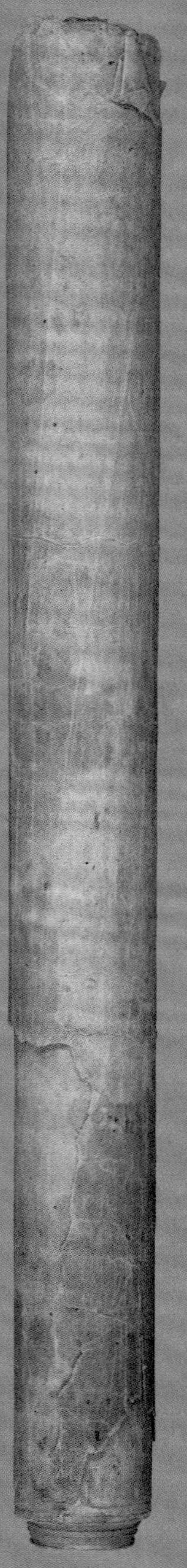

271.1cm × 26.5cm

復有二謂內及外此中何者是外因緣法
從種生芽從芽生葉從葉生莖從莖生
從穗生花從花生實若無有種芽即不生乃至若無花
花實亦不生有種芽生如是有花實亦得生彼種亦
不作是念我能生芽芽亦不作是念我從種生乃至花亦
不作是念我能生實實亦不作是念我從花生雖然有
種故而芽得生如是有花故實即而能成就應如是
觀外因緣法因緣法因相應義
應云何觀外因緣法緣相應義謂六界和合故以何六
界和合所謂地水火風空時界等和合外因緣法而得
生起應如是觀外因緣法緣相應義
地界者能持於種水界者潤漬於種火界者能暖於
種風界者動搖於種空界者不障於種時則能變

合種子滅時而芽得生
此中地界不作是念我能任種子如是水界亦不作是念
我能潤漬於種火界亦不作是念我能暖於種子風界
亦不作念我能動搖於種空界亦不作念我能不障於
種時亦不作念我能變於種子種子亦不作是念我
能生芽芽亦不作是念我今從此衆緣而生雖然有此
衆緣而種滅時芽即得生如是有花之時實即得生
彼芽亦非自作亦非他作非自他俱作非自在作亦非時
變非自性生亦非无因而生雖然地水火風空時界等和合
種滅之時而芽得生是故應如是觀外因緣法相應義
應以五種觀彼外因緣法何等為五不常不斷不移從於
小因而生大果與彼相似云何不常為芽與種各別異故
彼芽非種非種壞時而芽得生亦非不滅而得生起種壞
之時而芽得生是故不常云何不斷非過去種壞而生

之時而芽得生是故不常云何不斷非過去種壞而生
於芽亦非不滅而得生起種子亦壞當尒之時如秤高下
而芽得生是故不斷云何不移芽與種别芽非種故是故
不移云何小因而生大果從小種子而生大果是故從於小因
而生大果云何與彼相似如所植種生彼果故是故與彼
相似是以五種觀外因緣之法
如是内因緣法亦以二種而得生起云何爲二所謂因相應緣相應
何者是内因緣法因相應義所謂始從无明緣行乃至生
緣老死若无明不生行亦不有乃至若无有生老死非有
如是有无明故行乃得生乃至有生故老死得有无明亦
不作是念我能生行行亦不作是念我從无明而生乃至
（作是念）有生故老死得有无明亦不作是念我能生行行亦不
作念我從无明而生乃至生亦不作是念我能生於老
死老死亦不作念我從生有雖然有无明故行乃得生

合故以何六界和合所謂地水火風空識界等和合故
應如是觀內因緣法緣相應事
何者是內因緣法地界之相爲此身中作堅硬者名爲
地界爲令此身而聚集者名爲水界能消身所食
飲嚼噉者名爲火界爲此身中作內外出入息者名
爲風界爲此身中作虛通者名爲空界五識身相
應及有漏意識猶如束蘆能成就此身名色芽
者名爲識界若无此衆緣身則不生若內地界
无不具足如是乃至水火風空識界等无不具
足一切和合身即得生
彼地界亦不作是念我能而作身中堅硬之事
水界亦不作是念我能爲身而作聚集火界
亦不作念我能而消身所食飲嚼噉之事風
界亦不作念我能作內外出入息空界亦不作念我

界亦不作念我能作内外出入息空界亦不作念我
能而作身中虗通之事識界亦不念我能成就此
身名色之芽身亦不作是念我從此衆緣而生雖然
有此衆緣之時身即得生彼地界亦非是我非是衆
生非命者非生者非儒童非作者非男非女非黄門
非自在非我所亦非餘等如是乃至水界火界風界空
界識界亦非是我非是衆生非命者非[非生者]儒童非作
者非男非女非黄門[非自在]非我所亦非餘等
何者是无明於此六界起於一想一合想常想堅牢
想不壞想安樂想衆生命生者養育士夫人儒童作
者我我所想等及餘種種无知此是无明有无明故於諸
境界起貪瞋癡於[諸]境界起貪瞋癡者此是无明緣行
而於諸事能了别者名之為識與識俱生四取藴者
此是名色依名色諸根名為六入三法和合名之為觸覺

之蘊名之為生生已蘊成熟者名之為老老已蘊滅壞者
名之為死臨終之時由具貪著及熱惱者名之為愁從
愁而生諸言辞者名之為嘆五識身受苦者名之為
苦作意意識受諸苦者名之為憂具如是等及隨
煩惱者名之為惱大黑闇故故名无明告作故名諸行了
別故名識相依故名名色為生門故名六入觸故名觸受
故名受渴故名愛取故名取生後有故名有生蘊故名
生蘊熟故名老蘊壞故名死愁故名愁嘆故名嘆惱身
故名苦惱心故名憂煩惱故名惱復次不了真性顛倒无 填
无知名為无明如是有无明故能成三行所謂福行罪
行不動行從於福行而生福行識者此是无明緣行從
於罪行而生罪行識者此則名為行緣識從於不動行而
生不動行識者此則名為識緣名色名色增長故從六
入門中能成事者此是名色緣六入而生六聚觸者 從於六入

入門中能成事者此是名色緣六入（從於六入）而生六聚觸者
此是六入緣觸從於所觸而生彼受者此則名為觸
緣受了別受已而生染愛耽着者此則名為受緣愛
知已而生染愛耽着故不欲遠離好色及於安樂而
生願樂者此是愛緣取生願樂已從身口意造
後有業者此是取緣有從於彼業所生蘊者此是
有緣生生已諸蘊成熟及滅壞者此則名為生緣老
死是故彼因緣十二支法互相為因互相為緣非常非
无常非有為非无為非无因非无緣非有受非盡法
非壞法非滅法從无始已來如暴流水而无斷絕雖然此
因緣十二支法互相為因互相為緣非常非无常非
有為非无為非无因非无緣非有受非盡法非壞法
非滅法從无始已來如暴流水而无斷絕有其四支能攝
十二因緣之法云何為四所謂无明愛業識識者以種
生

中業[illegible]
則能潤種子之識无明能殖種子之識若无此衆緣
種子之識而不能成　彼業亦不作念我今能作種子
識田愛亦不作念我能潤於種子之識无明亦不作念
我今能殖種子之識彼種子識亦不作念我今從此衆緣而
生雖然種子之識依彼業田及愛所潤无明糞壅所生
之處入於母胎能生名色之芽彼名色芽亦非自作亦非
他作非自他俱作非自在化亦非時變非自性生非假作者
亦非无因而生雖然父母和合時及餘緣和合之時无我
之法无我我所猶如虛空彼諸幻法因及衆緣不具足
故依彼生處入於母胎則能成就執受種子之識名色之芽
如　眼識生時若具五緣而則得生云何為五所謂依眼色
明空依作意故眼識得生此中眼則能作眼識所依色則
能作眼識之境明則能為顯現之事空則能為不鄣之
[illegible]

能作眼識之境明則能為顯現之事空則能為無不章之
事作意能為思想之事若无此衆緣眼識不生若
内入眼无不具足如是乃至色明空作意無不具足一切
和合之時眼識得生　彼眼亦不作是念我今能為眼識
所依色亦不作念我今能作眼識之境明亦不作念我
今能作顯現之事作意亦不作念我今能為眼識所思（空亦不作念我今能為眼識不鄣之事）
彼眼（識）亦不作念我是從此衆緣而有雖然有此衆
緣眼識得生乃至諸餘根等應如是知（隨類知之）
復次無有少法而從此世移至他世雖然因及衆緣無
不具足故業果亦現譬如明鏡之中現其面像雖彼
面像不移鏡中因及衆緣无不具足故面像亦現如是
無有少許從於此滅生其餘處因及衆緣無不具足故
業果亦現譬如月輪從此四万二千由旬而行彼月
輪形像現其有水小器中者彼月輪亦不從彼移至

業果亦現譬如其火因及衆緣若不具足而不能燃因
及衆緣具足之時方可得燃如是無我（无我之法）我所猶如虚空
依彼幻法因及衆緣無不具足故所生之處入於胎母
則能成就種子之識業及煩惱所生名色之芽是故
應如是觀內因緣法緣相應事。　應以五種觀內
因緣之法云何為五不常不斷不移從於小因而生大果與
彼相似云何不常所謂彼後滅蘊與彼生分各異為後
滅蘊非生分故彼後滅蘊亦滅生分亦得現故是故不常
云何不斷非依後滅蘊滅壞之時生分得有亦非不滅彼後
滅蘊亦滅當尒之時生分之蘊如秤高下而得生故是故不
斷云何不移為諸有情從非衆同分處能生衆同分處故
是故不移云何從於小因而生大果作於小業感大異熟是
故從於小因而生大果如所作因感彼果故與彼相似是故
應五種觀因緣之法

故從於小因而生大果如所作因感彼果故與彼相似果故
應五種觀因緣法
尊者舍利子若復有人能以正智常觀如來所説因緣之
法壽無離壽如實性無錯謬性無生无起无作无為无
障礙无境界寂靜无畏无侵奪无盡不靜寂相不有虛
誑无堅實如病如癰如箭過失无常苦空无我者我於
過去而有生耶而无生耶而不分別過去之際於未來世生
於何處亦不分別未來之際此是何耶此復云何而作何物
此諸有情從何而來從於此滅而生何處亦不分別現在之
有復能滅於世間沙門婆羅門不同諸見所謂我見衆生見
壽者見人見希有見吉祥見開合之見善了知故如多羅
樹明了斷除諸根栽已於未來世證得无生无滅之法
尊者舍利子若復有人具足如是无生法忍善能了別此
因緣法者如來應供正遍知明行足善逝世間解无上士

阿脩羅揵闥婆等聞弥勒菩薩摩訶薩所說之法信受奉行

佛說大乘稻芉經

閻羅經　王云凡是亡人家福資亡人
設齋檢福有十王來，初七齋王名
秦廣，二七齋王名宋帝，三七齋王名
初江，四七齋王名五[illegible]友，五七齋
王名閻羅，六七齋王名變成，七七齋
王名太山，百日齋王名平等，一年周齋
王名都[illegible]市，三年周齋檢校五
道轉輪王，此是十王。故亡人家資福設
齋，要須每齋安置盤檢齋王一座
處，以亡人作何功德資益亡魂祭
其、果報由因果故罪[illegible]

三途善處者　作生七齋淨土經云
凡人見存逆修設齋全獲福分
自身手營造殁後設齋追福七
分之中亡人獲其一分佛慈悲故
示也
　　佛語阿難曰
凡人斂

BD00530

觀世音經

（後秦）鳩摩羅什 譯

137.5cm × 26.5cm

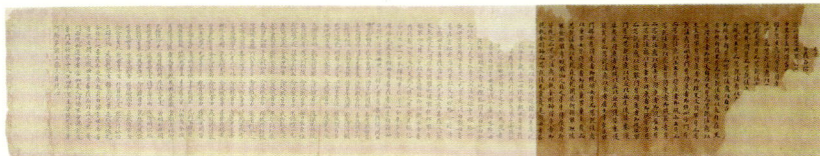

世尊
菩薩白佛
遊此娑婆世界云何
力其事云何佛告
國土衆生應以佛身得度
現佛身而爲說法應以
現辟支佛身而爲說法應
即現聲聞身而爲說法應
即現梵王身而爲說法應以
即現帝釋身而爲說法應以自在
者即現自在天身而爲說法應以大自在天
身得度者即現大自在天身而爲說法應以
天大將軍身得度者即現天大將軍身而爲

為說法應以長者身得度者即現長者身
而為說法應以居士身得度者即現居士身
而為說法應以宰官身得度者即現宰官身
而為說法應以婆羅門身得度者即現婆羅
門身而為說法應以比丘比丘尼優婆塞優
婆夷身得度者即現比丘比丘尼優婆塞優
婆夷身而為說法應以長者居士宰官婆羅
門婦女身得度者即現婦女身而為說法應
以童男童女身得度者即現童男童女身而
為說法應以天龍夜叉乾闥婆阿脩羅迦樓
羅緊那羅摩睺羅伽人非人等身得度者即
皆現之而為說法應以執金剛神得度者即
現執金剛神而為說法无盡意是觀世音菩

現執金剛神而為說法无盡意是觀世音菩
就如是功德以種種形遊諸國土度脫
是故汝等應當一心供養觀世音菩薩
音菩薩摩訶薩於怖畏急難之中能施
故此娑婆世界皆号之為施无畏者
意菩薩白佛言世尊我今當供養觀世
薩即解頸衆寶珠瓔珞價直百千兩金
而以與之作是言仁者受此法施珎寶瓔珞時
觀世音菩薩不肯受之无盡意復白觀世音
菩薩言仁者愍我等故受此瓔珞尒時佛
告觀世音菩薩當愍此无盡意菩薩及四衆
天龍夜叉乾闥婆阿脩羅迦樓羅緊那羅摩
睺羅伽人非人等故受是瓔珞即時觀世音菩

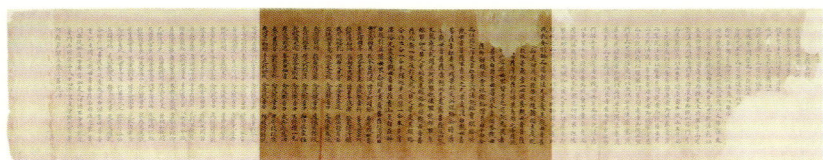

佛塔无盡意觀世音菩薩有如是自在神
力遊於娑婆世界尒時无盡意菩薩以偈問曰
世尊妙相具 我今重問彼 佛子何因緣 名為觀世音
具足妙相尊 偈荅无盡意 汝聽觀音行 善應諸方所
弘誓深如海 歷劫不思議 侍多千億佛 發大清淨願
我為汝略說 聞名及見身 心念不空過 能滅諸有苦
假使興害意 推落大火坑 念彼觀音力 火坑變成池
或漂流巨海 龍魚諸鬼難 念彼觀音力 波浪不能沒
或在須弥峯 為人所推墮 念彼觀音力 如日虛空住
或被惡人逐 墮落金剛山 念彼觀音力 不能損一毛
或值怨賊遶 各執刀加害 念彼觀音力 咸即起慈心
或遭王難苦 臨刑欲壽終 念彼觀音力 刀尋段段壞
或囚禁枷鎖 手足被杻械 念彼觀音力 釋然得解脫

或囚禁枷鎖　手足被杻械　念彼觀音力　釋然得解脫
呪詛諸毒藥　所欲害身者　念彼觀音力　還著於本人
或遇惡羅刹　毒龍諸鬼等　念彼觀音力　時悉不敢害
若惡獸圍遶　利牙爪可怖　念彼觀音力　疾走无邊方
蚖蛇及蝮蝎　氣毒烟火然　念彼觀音力　尋聲自迴去
雲雷鼓掣電　降雹注大雨　念彼觀音力　應時得消散
衆生被困厄　无量苦逼身　觀音妙智力　能救世間苦
具足神通力　廣修智方便　十方諸國土　无刹不現身
種種諸惡趣　地獄鬼畜生　生老病死苦　以漸悉令滅
真觀清淨觀　廣大智慧觀　悲觀及慈觀　常願常瞻仰
无垢清淨光　慧日破諸闇　能伏災風火　普明照世間
悲體戒雷震　慈意妙大雲　注甘露法雨　滅除煩惱焰
諍訟經官處　怖畏軍陣中　念彼觀音力　衆怨悉退散

具一切功德　慈眼視衆生　福聚海无量　是故應頂礼
尒時持地菩薩即從座起前白佛言世尊若
有衆生聞是觀世音菩薩品自在之業普
門示現神通力者當知是人功德不少佛說是
普門品時衆中八万四千衆生皆發无等等
阿耨多羅三藐三菩提心

BD00531 大般若波羅蜜多經卷五

（唐）玄奘 譯

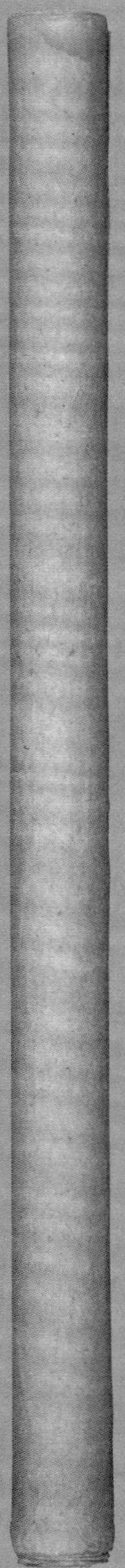

97.3cm × 27cm

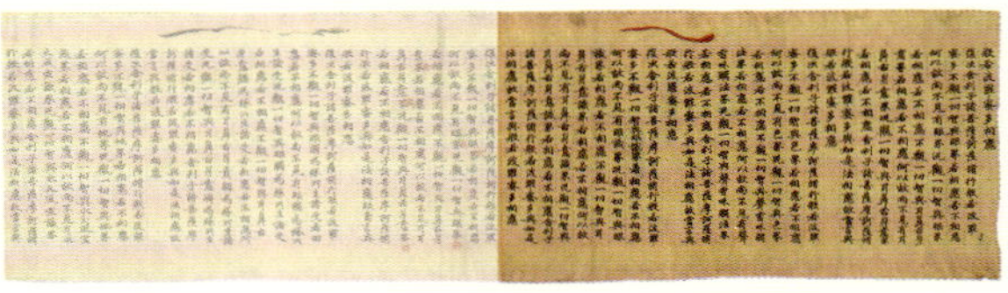

般若波羅蜜多相應
復次舍利子諸菩薩摩訶薩脩行般若波羅
蜜多不觀一切智與眼界若相應若不相應
何以故尚不見有眼界況觀一切智與眼界
若相應若不相應不觀一切智與耳鼻舌身
意界若相應若不相應何以故尚不見有耳
鼻舌身意界況觀一切智與耳鼻舌身意界
若相應若不相應舍利子諸菩薩摩訶薩脩
行般若波羅蜜多與如是法相應故當言與
般若波羅蜜多相應
復次舍利子諸菩薩摩訶薩脩行般若波羅
蜜多不觀一切智與色界若相應若不相應
何以故尚不見有色界況觀一切智與色界

香味觸法界況觀一切智與聲香味觸法界
若相應若不相應舍利子諸菩薩摩訶薩脩
行般若波羅蜜多與如是法相應故當言與
般若波羅蜜多相應
復次舍利子諸菩薩摩訶薩脩行般若波羅
蜜多不觀一切智與眼識界若相應若不相應
何以故尚不見有眼識界況觀一切智與眼
識界若相應若不相應不觀一切智與耳
鼻舌身意識界若相應若不相應何以故
尚不見有耳鼻舌身意識界況觀一切智與
耳鼻舌身意識界若相應若不相應舍利子
諸菩薩摩訶薩脩行般若波羅蜜多與如是
法相應故當言與般若波羅蜜多相應

法相應故當言與般若波羅蜜多相應
復次舍利子諸菩薩摩訶薩脩行般若波羅
蜜多不觀一切智與眼界若相應若不相應
何以故尚不見有眼界況觀一切智與眼界
若相應若不相應不觀一切智與耳鼻舌身
意界若相應若不相應何以故尚不見有耳
鼻舌身意界況觀一切智與耳鼻舌身意界
若相應若不相應舍利子諸菩薩摩訶薩脩
行般若波羅蜜多與如是法相應故當言與
般若波羅蜜多相應
復次舍利子諸菩薩摩訶薩脩行般若波羅
蜜多不觀一切智與眼觸為緣所生諸受若相
應若不相應何以故尚不見有眼觸為緣所

身意觸為緣所生諸受若相應若不相應何
以故尚不見有耳鼻舌身意觸為緣所生諸
受況觀一切智與耳鼻舌身意觸為緣所生
諸受若相應若不相應舍利子諸菩薩摩
訶薩脩行般若波羅蜜多與如是法相應故
當言與般若波羅蜜多相應
復次舍利子諸菩薩摩訶薩脩行般若波羅
蜜多不觀一切智與地界若相應若不相應
何以故尚不見有地界況觀一切智與地界
若相應若不相應不觀一切智與水火風空
識界若相應若不相應何以故尚不見有水
火風空識界況觀一切智與水火風空識界
若相應若不相應舍利子諸菩薩摩訶薩脩

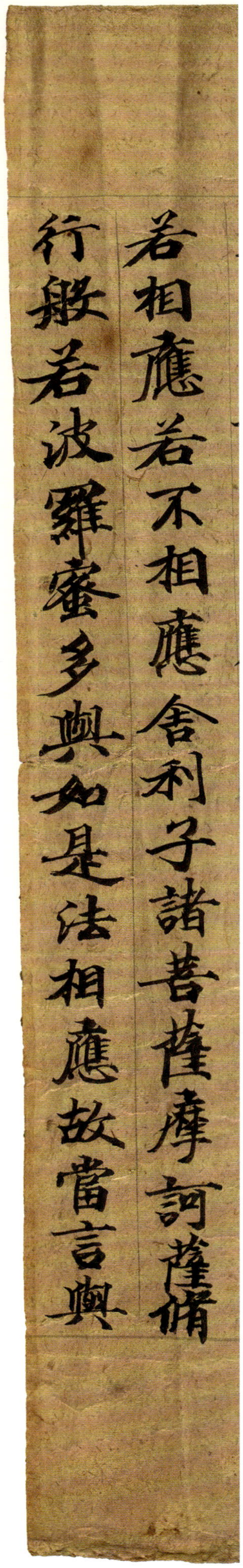

若相應若不相應舍利子諸菩薩摩訶薩脩
行般若波羅蜜多與如是法相應故當言與

BD00532 妙法蓮華經卷二

（後秦）鳩摩羅什 譯

1108.3cm×25.4cm

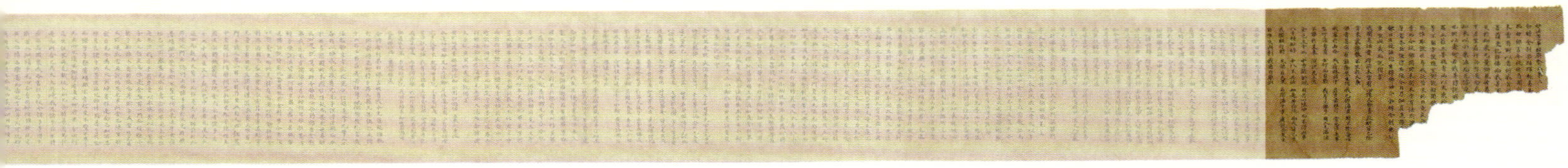

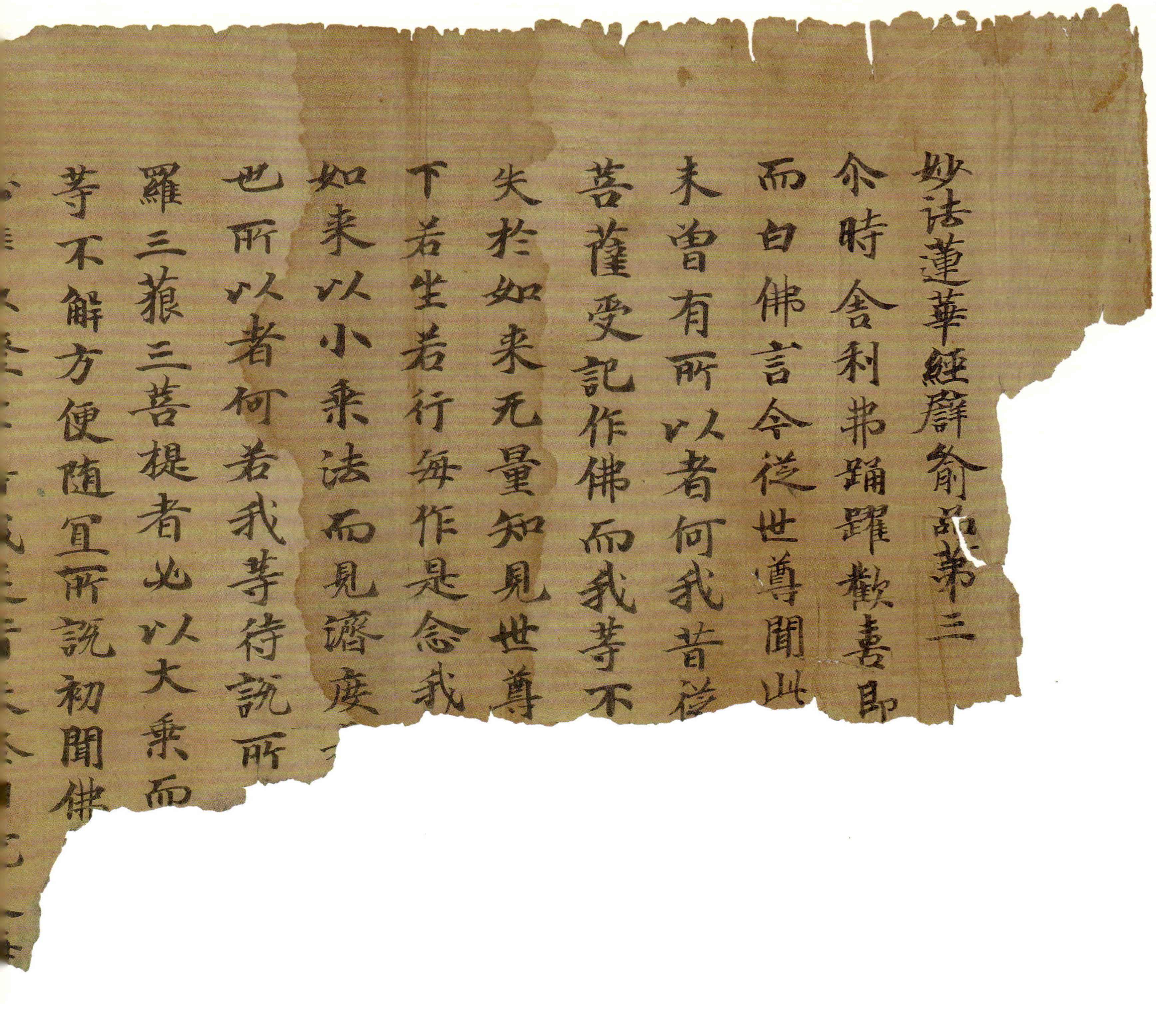

妙法蓮華經譬喻品第三
尒時舍利弗踊躍歡喜即
而白佛言今從世尊聞此
未曾有所以者何我昔從
菩薩受記作佛而我等不
失於如来无量知見世尊
下若坐若行每作是念我
如来以小乘法而見濟度
也所以者何若我等待說所
羅三藐三菩提者必以大乘而
等不解方便隨宜所說初聞佛

身意泰然快得安隱今日乃知真是佛
佛口生從法化生得佛法分尒時舍利弗欲
重宣此義而說偈言
我聞是法音　得所未曾有　心懷大歡喜　疑網皆已除
昔來蒙佛教　不失於大乘
佛音甚希有　能除眾生惱　我已得漏盡　聞亦除憂惱
我處於山谷　或在林樹下　若坐若經行　常思惟是事
嗚呼深自責　云何而自欺　我等亦佛子　同入无漏法
不能於未來　演說无上道
金色三十二　十力諸解脫　同共一法中　而不得此事
八十種妙好　十八不共法　如是等功德　而我皆已失
我獨經行時　見佛在大眾　名聞滿十方　廣饒益眾生
自惟失此利　我為自欺誑

自惟失此利　我為自欺誑
我常於日夜　每思惟是事　欲以問世尊　為失為不失
我常見世尊　稱讚諸菩薩　以是於日夜　籌量如此事
今聞佛音聲　隨宜而說法　无漏難思議　令衆至道場
我本著耶見　為諸梵志師　世尊知我心　拔耶說涅槃
我悉除耶見　於空法得證　尒時心自謂　得至於滅度
而今乃自覺　非是實滅度
若得作佛時　具三十二相　天人夜叉衆　龍神等恭敬
是時乃可謂　永盡滅无餘
佛於大衆中　說我當作佛　聞如是法音　疑悔悉已除
初聞佛所說　心中大驚疑　將非魔作佛　惱亂我心耶
佛以種種緣　譬喻巧言說　其心安如海　我聞疑網斷
佛說過去世　无量滅度佛　安住方便中　亦皆說是法

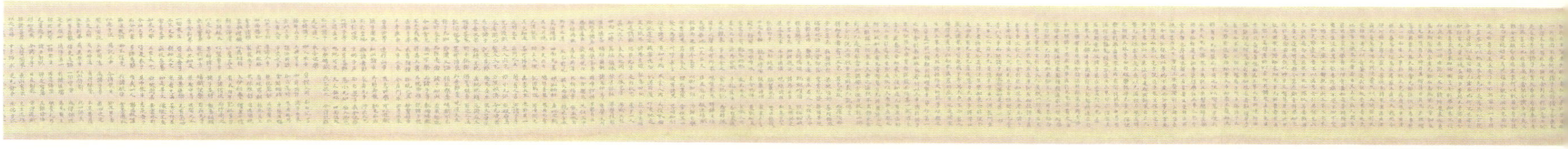

世尊說實道　波旬无此事　以是我定知　非是魔作佛
我墮疑網故　謂是魔所為
聞佛柔軟音　深遠甚微妙　演暢清淨法　我心大歡喜
疑悔永已盡　安住實智中　我定當作佛　為天人所敬
轉无上法輪　教化諸菩薩
尒時佛告舍利弗吾今於天人沙門婆羅門
等大眾中說我昔曾於二萬佛所為无上
道故常教化汝汝亦長夜隨我受學我以方
便引導汝故生我法中舍利弗我昔教汝志
願佛道汝今悉忘而便自謂已得滅度我今
還欲令汝憶念本願所行道故為諸聲聞說
是大乘經名妙法蓮華教菩薩法佛所護念
舍利弗汝於未來世過无量无邊不可思議

舍利弗汝於未来世過无量无邊不可思議
劫供養若干千万億佛奉持正法具足菩薩
所行之道當得作佛号曰華光如来應供正
遍知明行足善逝世間解无上士調御丈夫
天人師佛世尊國名離垢其土平正清淨嚴
餝安隱豊樂天人熾盛瑠璃為地有八交道
黄金為繩以界其側其傍各有七寶行樹常
有華菓華光如来亦以三乘教化衆生舍利
弗彼佛出時雖非悪世以本願故說三乘法
其劫名大寶莊嚴何故名曰大寶莊嚴其國
中以菩薩為大寶故彼諸菩薩无量无邊不
可思議筭數譬喻所不能及非佛智力无能
知者若欲行時寶華承足此諸菩薩非初發

通善知一切諸法之門質直无偽志念堅固
如是菩薩充滿其國舍利弗華光佛壽十二
小劫除為王子未作佛時其國人民壽八小
劫華光如來過十二小劫授堅滿菩薩阿耨
多羅三藐三菩提記告諸比丘是堅滿菩薩
次當作佛号曰華足安行多陁阿伽度阿羅
訶三藐三佛陁其佛國土亦復如是舍利弗
是華光佛滅度之後正法住世三十二小劫
像法住世亦三十二小劫尒時世尊欲重宣
此義而說偈言
舍利弗來世　成佛普智尊　号名曰華光　當度无量衆
供養无數佛　具足菩薩行　十力等功德　證於无上道
過无量劫已　劫名大寶嚴　世界名離垢　清淨无瑕穢

供養无數佛　具足菩薩行　十力等功德　證於无上道
過无量劫已　劫名大寶嚴　世界名離垢　清淨无瑕穢
以瑠璃為地　金繩界其道　七寶雜色樹　常有華菓實
彼國諸菩薩　志念常堅固　神通波羅蜜　皆已悉具足
於无數佛所　善學菩薩道　如是等大士　華光佛所化
佛為王子時　棄國捨世榮　於最末後身　出家成佛道
華光佛住世　壽十二小劫　其國人民衆　壽命八小劫
佛滅度之後　正法住於世　三十二小劫　廣度諸衆生
正法滅盡已　像法三十二
舍利廣流布　天人普供養　華光佛所為　其事皆如是
其兩足聖尊　最勝无倫匹　彼即是汝身　冝應自欣慶
尒時四部衆比丘比丘尼優婆塞優婆夷天
龍夜叉乾闥婆阿脩羅迦樓羅緊那羅摩睺

身所著上衣以供養佛釋提桓因梵天王等與无數天子亦以天妙衣天曼陁羅華摩訶曼陁羅華等供養於佛所散天衣住虛空中而自迴轉諸天伎樂百千萬種於虛空中一時俱作雨衆天華而作是言佛昔於波羅柰初轉法輪今乃復轉无上最大法輪尒時諸天子欲重宣此義而說偈言

昔於波羅柰 轉四諦法輪 分別說諸法 五衆之生滅
今復轉最妙 无上大法輪 是法甚深奧 少有能信者
我等從昔來 數聞世尊說 未曾聞如是 深妙之上法
世尊說是法 我等皆隨喜 大智舍利弗 今得受尊記
我等亦如是 必當得作佛 於一切世間 最尊无有上
佛道叵思議 方便隨宜說 我所有福業 今世若過世

佛道叵思議　方便隨宜說　我所有福業　今世若過世
及見佛功德　盡迴向佛道
尒時舍利弗白佛言世尊我今无復疑悔親
於佛前得受阿耨多羅三藐三菩提記是諸
千二百心自在者昔住學地佛常教化言我
法能離生老病死究竟涅槃是學无學人亦
各自以離我見及有无見等謂得涅槃而今
於世尊前聞所未聞皆墮疑惑善哉世尊願
為四衆說其因緣令離疑悔尒時佛告舍利
弗我先不言諸佛世尊以種種因緣譬喻言
辭方便說法皆為阿耨多羅三藐三菩提耶
是諸所說皆為化菩薩故然舍利弗今當復
以譬喻更明此義諸有智者以譬喻得解舍

門多諸人衆一百二百乃至五百人止住其
中堂閣朽故墻壁頹落柱根腐敗梁棟傾危
周匝俱時欻然火起焚燒舍宅長者諸子若
十二十或至三十在此宅中長者見是大火
從四面起即大驚怖而作是念我雖能於此
所燒之門安隱得出而諸子等於火宅内樂
著嬉戲不覺不知不驚不怖火來逼身苦痛
切己心不厭患无求出意舍利弗是長者作
是思惟我身手有力當以衣裓若以机案從
舍出之復更思惟是舍唯有一門而復狹小
諸子幼稚未有所識戀著戲處或當墮落為
火所燒我當為說怖畏之事此舍已燒宜時
疾出无令為火之所燒害作是念已如所思

疾出无令爲火之所燒害作是念已如所思
惟具告諸子汝等速出父雖憐愍善言誘喻
而諸子等樂著嬉戲不肯信受不驚不畏了
无出心亦復不知何者是火何者爲舍云何
爲失但東西走戲視父而已尒時長者即作
是念此舍已爲大火所燒我及諸子若不時
出必爲所焚我今當設方便令諸子等得免
斯害父知諸子先心各有所好種種珎玩奇
異之物情必樂著而告之言汝等所可玩好
希有難得汝若不取後必憂悔如此種種羊
車鹿車牛車今在門外可以遊戲汝等於此
火宅宜速出來隨汝所欲皆當與汝尒時諸
子聞父所說珎玩之物適其願故心各勇鋭

无復鄣礙其心泰然歡喜踊躍時諸子等各
白父言父先所許玩好之具羊車鹿車牛車
願時賜與舍利弗尒時長者各賜諸子等一
大車其車高廣衆寶莊校周迊蘭楯四面懸
鈴又於其上張設幰蓋亦以珎奇雜寶而嚴
飾之寶繩絞絡垂諸華纓重敷綩綖安置丹
枕駕以白牛膚色充潔形體姝好有大筋力
行步平正其疾如風又多僕從而侍衛之所
以者何是大長者財富无量種種諸藏悉皆
充溢而作是念我財物无極不應以下劣小
車與諸子等今此幼童皆是吾子愛无偏黨
我有如是七寶大車其數无量應當等心各
各與之不宜差別所以者何以我此物周給

我有如是七寶大車其數无量應當等心
各與之不宜差別所以者何以我此物周給
一國猶尚不匱何況諸子是時諸子各乘大
車得未曾有非本所望舍利弗於汝意云何
是長者等與諸子珎寶大車寧有虛妄不舍
利弗言不也世尊是長者但令諸子得免火
難全其軀命非為虛妄何以故若全身命便
為已得玩好之具況復方便於彼火宅而拔
濟之世尊若是長者乃至不與最小一車猶
不虛妄何以故是長者先作是意我以方便
令子得出以是因緣无虛妄也何況長者自
知財富无量欲饒益諸子等與大車佛告舍
利弗善哉善哉如汝所言舍利弗如來亦復

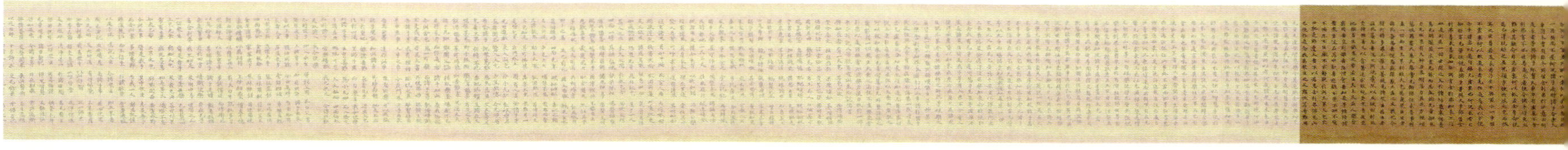

力无所畏有大神力及智慧力具足方便智慧波羅蜜大慈大悲常无懈惓恒求善事利益一切而生三界朽故火宅為度衆生生老病死憂悲苦惱愚癡闇蔽三毒之火教化令得阿耨多羅三藐三菩提見諸衆生為生老病死憂悲苦惱之所燒煮亦以五欲財利故受種種苦又以貪著追求故現受衆苦後受地獄畜生餓鬼之苦若生天上及在人間貧窮困苦愛別離苦怨憎會苦如是等種種諸苦衆生沒在其中歡喜遊戲不覺不知不驚不怖亦不生厭不求解脫於此三界火宅東西馳走雖遭大苦不以為患舍利弗佛見此已便作是念我為衆生之父應拔其苦難與

已便作是念我爲衆生之父應拔其苦難與
无量无邊佛智慧樂令其遊戲舍利弗如來
復作是念若我但以神力及智慧力捨於方
便爲諸衆生讚如來知見力无所畏者衆生
不能以是得度所以者何是諸衆生未免生
老病死憂悲苦惱而爲三界火宅所燒何由
能解佛之智慧舍利弗如彼長者雖復身手
有力而不用之但以慇懃方便免濟諸子火
宅之難然後各與珍寶大車如來亦復如是
雖有力无所畏而不用之但以智慧方便於
三界火宅拔濟衆生爲説三乘聲聞辟支佛
佛乘而作是言汝等莫得樂住三界火宅勿
貪麤弊色聲香味觸也若貪著生愛則爲所

脩精進如来以是方便誘進衆生復作是言
汝等當知此三乘法皆是聖所稱嘆自在无
繫无所依求乘是三乘以无漏根力覺道禪
定解脫三昧等而自娛樂便得无量安隱快
樂舍利弗若有衆生内有智性從佛世尊聞
法信受慇懃精進欲速出三界自求涅槃是
名聲聞乘如彼諸子為求羊車出於火宅若
有衆生從佛世尊聞法信受慇懃精進求自
然慧樂獨善寂深知諸法因緣是名辟支佛
乘如彼諸子為求鹿車出於火宅若有衆生
從佛世尊聞法信受懃脩精進求一切智佛
智自然智无師智如来知見力无所畏愍念
安樂无量衆生利益天人度脫一切是名大

安樂无量衆生利益天人度脫一切是名大
乘菩薩求此乘故名為摩訶薩如彼諸子為
求牛車出於火宅舍利弗如彼長者見諸子
等安隱得出火宅到无畏處自惟財富无量
等以大車而賜諸子如來亦復如是為一切
衆生之父若見无量億千衆生以佛教門出
三界苦怖畏險道得涅槃樂如來尒時便作
是念我有无量无邊智慧力无畏等諸佛法
藏是諸衆生皆是我子等與大乘不令有人
獨得滅度皆以如來滅度而滅度之是諸衆
生脫三界者悉與諸佛禪定解脫等娛樂之
具皆是一相一種聖所稱歎能生淨妙第一
之樂舍利弗如彼長者初以三車誘引諸子

說三乘引導衆生然後但以大乘而度脫之
何以故如來有无量智慧力无所畏諸法之
藏能與一切衆生大乘之法但不盡能受舍
利弗以是因緣當知諸佛方便力故於一佛
乘分別說三佛欲重宣此義而說偈言
譬如長者 有一大宅 其宅久故 而復頓弊
堂舍高危 柱根摧朽 梁棟傾斜 基陛頹毀
牆壁圮坼 泥塗褫落 覆苫亂墜 椽梠差脫
周障屈曲 雜穢充遍 有五百人 止住其中
鵄梟鵰鷲 烏鵲鳩鴿 蚖蛇蝮蝎 蜈蚣蚰蜒
守宮百足 狖狸鼷鼠 諸惡虫輩 交橫馳走
屎尿臭處 不淨流溢 蜣蜋諸虫 而集其上
狐狼野干 咀嚼踐蹋 齧齰死屍 骨肉狼藉

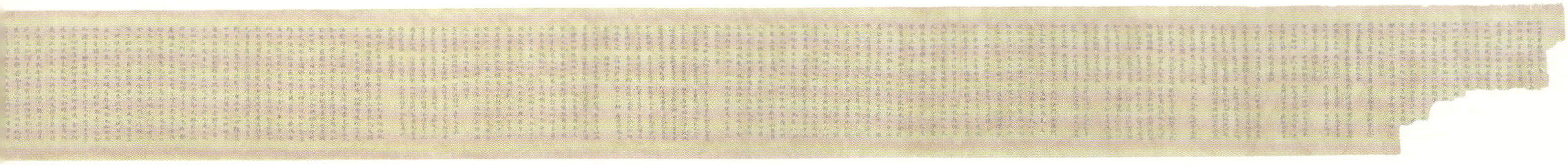

狐狼野干　咀嚼踐蹋　嚌齧死屍　骨肉狼藉
由是羣狗　競来搏撮　飢羸慞惶　處處求食
鬪爭齚掣　嘊喍嘷吠　其舍恐怖　變狀如是
處處皆有　魑魅魍魎　夜叉惡鬼　食噉人肉
毒虫之屬　諸惡禽獸　孚乳產生　各自藏護
夜叉競来　爭取食之　食之既飽　惡心轉熾
鬪爭之聲　甚可怖畏　鳩槃荼鬼　蹲踞土埵
或時離地　一尺二尺　往返遊行　縱逸嬉戲
捉狗兩足　撲令失聲　以腳加頸　怖狗自樂
復有諸鬼　其身長大　裸形黑瘦　常住其中
發大惡聲　叫呼求食　復有諸鬼　其咽如針
復有諸鬼　首如牛頭　或食人肉　或復噉狗
頭髮蓬亂　殘害兇險　飢渴所逼　叫喚馳走

其人近出　未久之間　於後宅舍　忽然火起
四面一時　其焰俱熾　棟梁椽柱　爆聲振裂
摧折墮落　墻壁崩倒　諸鬼神等　揚聲大叫
鵰鷲諸鳥　鳩槃茶等　周章惶怖　不能自出
惡獸毒蟲　藏竄孔穴　毗舍闍鬼　亦住其中
薄福德故　為火所逼　共相殘害　飲血噉肉
野干之屬　並已前死　諸大惡獸　競來食噉
臭烟熢㶼　四面充塞　蜈蚣蚰蜒　毒蛇之類
為火所燒　爭走出穴　鳩槃茶鬼　隨取而食
又諸餓鬼　頭上火然　飢渴熱惱　周章悶走
其宅如是　甚可怖畏　毒害火災　衆難非一
是時宅主　在門外立　聞有人言　汝諸子等
先因遊戲　來入此宅　稚小無知　歡娛樂著

是時宅主 在門外立 聞有人言 汝諸子等
先因遊戲 来入此宅 稚小无知 歡娛樂著
長者聞已 驚入火宅 方宜救濟 令无燒害
告喻諸子 說衆患難 惡鬼毒虫 災火蔓莚
衆苦次第 相續不絶 毒虵蚖蝮 及諸夜叉
鳩槃荼鬼 野干狐狗 鵰鷲鵄梟 百足之屬
飢渇惱急 甚可怖畏 此苦難處 况復大火
諸子无知 雖聞父誨 猶故樂著 嬉戲不已
是時長者 而作是念 諸子如此 益我愁惱
今此舍宅 無一可樂 而諸子等 躭湎嬉戲
不受我教 將為火害 即便思惟 設諸方便
告諸子等 我有種種 珍玩之具 妙寶好車
羊車鹿車 大牛之車 今在門外 汝等出来

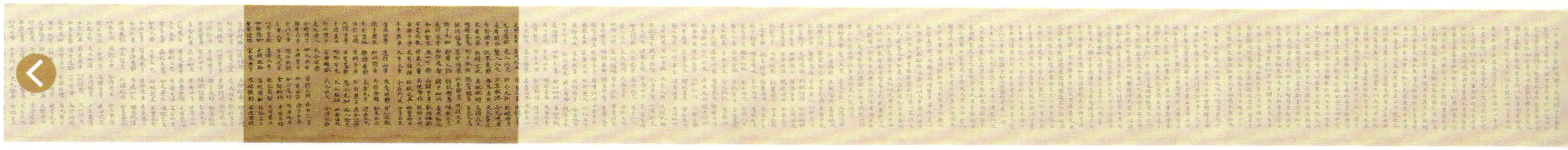

諸子聞說　如此諸

到於空地　離諸苦難　長者見子　得出火宅

住於四衢　坐師子座　而自慶言　我今快樂

此諸子等　生育甚難　愚小无知　而入險宅

多諸毒虫　魑魅可畏　大火猛焰　四面俱起

而此諸子　貪樂嬉戲　我已救之　令得脫難

是故諸人　我今快樂

尒時諸子　知父安坐　皆詣父所　而白父言

願賜我等　三種寶車　如前所許　諸子出來

當以三車　隨汝所欲　今正是時　唯垂給與

長者大富　庫藏衆多　金銀琉璃　車璖馬瑙

以衆寶物　造諸大車　裝校嚴飾　周匝蘭楯

四面懸鈴　金繩絞絡　真珠羅網　張施其上

金華諸瓔　處處垂下　衆綵雜飾　周匝圍繞

金華諸瓔 處處垂下 衆綵雜飾 周匝圍繞
柔軟繒纊 以為茵蓐 上妙細疊 價直千億
鮮白淨潔 以覆其上 有大白牛 肥壯多力
形體姝大 以駕寶車 多諸儐從 而侍衛之
以是妙車 等賜諸子 諸子是時 歡喜踊躍
乘是寶車 遊於四方 嬉戲快樂 自在无导
告舍利弗 我亦如是 衆聖中尊 世間之父
一切衆生 皆是吾子 深著世樂 无有慧心
三界无安 猶如火宅 衆苦充滿 甚可怖畏
常有生老 病死憂患 如是等火 熾然不息
如來已離 三界火宅 寂然閑居 安處林野
今此三界 皆是我子 其中衆生 悉是吾子
而今此處 多諸患難 唯我一人 能為救護

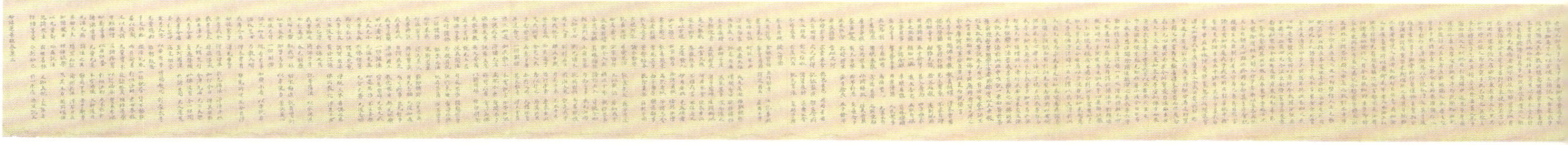

以是

開示演說 出世間道 是諸子等 若心決定
具足三明 及六神通 有得緣覺 不退菩薩
汝舍利弗 我為眾生 以此譬喻 說一佛乘
汝等若能 信受是語 一切皆當 成得佛道
是乘微妙 清淨第一 於諸世間 為无有上
佛所悅可 一切眾生 所應稱讚 供養礼拜
无量億千 諸力解脫 禪定智慧 及佛餘法
得如是乘 令諸子等 日夜劫數 常得遊戲
與諸菩薩 及聲聞眾 乘此寶乘 直至道場
以是因緣 十方諦求 更无餘乘 除佛方便
告舍利弗 汝諸人等 皆是吾子 我則是父
汝等累劫 眾苦所燒 我皆濟拔 令出三界
我雖先說 汝等滅度 但盡生死 而實不滅

汝等累劫　衆苦所燒　我皆濟拔　令出三界
我雖先說　汝等滅度　但盡生死　而實不滅
今所應作　唯佛智慧
若有菩薩　於是衆中　能一心聽　諸佛實法
諸佛世尊　雖以方便　所化衆生　皆是菩薩
若人小智　深著愛欲　為此等故　說於苦諦
衆生心喜　得未曾有　佛說苦諦　真實无異
若有衆生　不知苦本　深著苦因　不能暫捨
為是等故　方便說道　諸苦所因　貪欲為本
若滅貪欲　无所依止　滅盡諸苦　名第三諦
為滅諦故　脩行於道　離諸苦縛　名得解脫
是人於何　而得解脫　但離虛妄　名為解脫
其實未得　一切解脫　佛說是人　未實滅度

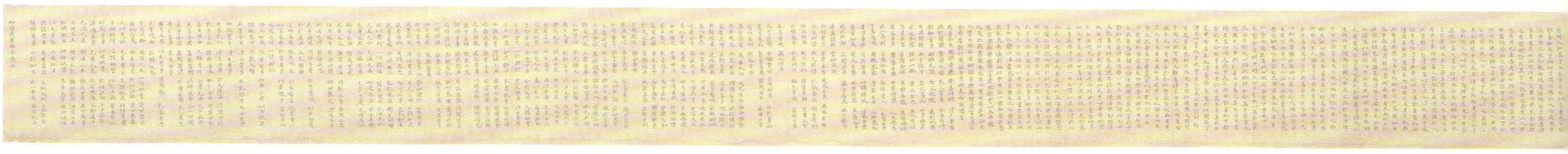

汝舍利弗 我此法印 為欲利益 世間故說
在所遊方 勿妄宣傳
若有聞者 隨喜頂受 當知是人 阿惟越致
若有信受 此經法者 是人已曾 見過去佛
恭敬供養 亦聞是法 若人有能 信汝所說
則為見我 亦見於汝 及比丘僧 并諸菩薩
斯法華經 為深智說 淺識聞之 迷惑不解
一切聲聞 及辟支佛 於此經中 力所不及
汝舍利弗 尚於此經 以信得入 况餘聲聞
其餘聲聞 信佛語故 隨順此經 非己智分
又舍利弗 憍慢懈怠 計我見者 莫說此經
凡夫淺識 深著五欲 聞不能解 亦勿為說
若人不信 毀謗此經 則斷一切 世間佛種

BD00532　妙法蓮華經卷二

若人不信　毀謗此經　則斷一切　世間佛種
或復顰蹙　而懷疑惑　汝當聽說　此人罪報
若佛在世　若滅度後　其有誹謗　如斯經典
見有讀誦　書持經者　輕賤憎嫉　而懷結恨
此人罪報　汝今復聽
其人命終　入阿鼻獄　具足一劫　劫盡更生
如是展轉　至无數劫　從地獄出　當墮畜生
若狗野干　其形頓瘦　黧黮疥癩　人所觸嬈
又復為人　之所惡賤　常困飢渴　骨肉枯竭
生受楚毒　死被凡石　斷佛種故　受斯罪報
若作駱駝　或生驢中　身常負重　加諸杖捶
但念水草　餘无所知　謗斯經故　獲罪如是
有作野干　來入聚落　身體疥癩　又无一目

聾騃无足　宛轉腹行　為諸小虫　之所唼食
晝夜受苦　无有休息　謗斯經故　獲罪如是
若得為人　諸根闇鈍　痤陋攣躄　盲聾背傴
有所言說　人不信受　口氣常臭　鬼魅所著
貧窮下賤　為人所使　多病痟瘦　无所依怙
雖親附人　人不在意　若有所淂　尋復忘失
若脩醫道　順方治病　更增他疾　或復致死
若自有病　无人救療　設服良藥　而復增劇
若他反逆　抄劫竊盜　如是等罪　横羅其殃
如斯罪人　永不見佛　衆聖之王　說法教化
如斯罪人　常生難處　狂聾心亂　永不聞法
於无數劫　如恒河沙　生輙聾瘂　諸根不具
常處地獄　如遊園觀　在餘惡道　如己舍宅

常處地獄　如遊園觀　在餘惡道　如己舍宅
駝驢猪狗　是其行處　謗斯經故　獲罪如是
若得為人　聾盲瘖瘂　貧窮諸衰　以自莊嚴
水腫乾痟　疥癩癰疽　如是等病　以為衣服
身常臭處　垢穢不淨　深著我見　增益瞋恚
婬欲熾盛　不擇禽獸　謗斯經故　獲罪如是
告舍利弗　謗斯經者　若説其罪　窮劫不盡
以是因緣　我故語汝　无智人中　莫説此經
若有利根　智慧明了　多聞強識　求佛道者
如是之人　乃可為説　若人曾見　億百千佛
殖諸善本　深心堅固　如是之人　乃可為説
若人精進　常脩慈心　不惜身命　乃可為説
若人恭敬　无有異心　離諸凡愚　獨處山澤

如是之人　乃可為説　若見佛子　持戒清潔
如淨明珠　求大乘經　如是之人　乃可為説
若人无瞋　質直柔軟　常愍一切　恭敬諸佛
如是之人　乃可為説
復有佛子　於大衆中　以清淨心　種種因緣
譬喻言辞　説法无㝵　如是之人　乃可為説
若有比丘　為一切智　四方求法　合掌頂受
但樂受持　大乘經典　乃至不受　餘經一偈
如是之人　乃可為説
如人至心　求佛舍利　如是求經　得已頂受
其人不復　志求餘經　亦未曾念　外道典籍
如是之人　乃可為説

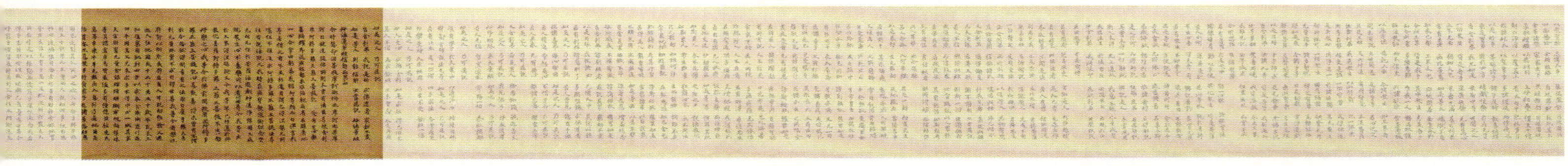

如是之人　乃可為說
告舍利弗　我說是相　求佛道者　窮劫不盡
如是等人　則能信解　汝當為說　妙法華經

妙法蓮華經信解品第四

尒時慧命須菩提摩訶迦旃延摩訶迦葉摩
訶目揵連從佛所聞未曾有法世尊授舍利
弗阿耨多羅三藐三菩提記發希有心歡
喜踊躍即從座起整衣服偏袒右肩右膝著地
一心合掌曲躬恭敬瞻仰尊顔而白佛言我
等居僧之首年並朽邁自謂已得涅槃无所
堪任不復進求阿耨多羅三藐三菩提世尊
往昔說法既久我時在座身體疲懈但念空
无相无作於菩薩法遊戲神通淨佛國土成

教化菩薩阿耨多羅三藐三菩提不生一念
好樂之心我等今於佛前聞授聲聞阿耨多
羅三藐三菩提記心甚歡喜得未曾有不謂
於今忽然得聞希有之法深自慶幸獲大善
利无量珎寶不求自得世尊我等今者樂説
譬喻以明斯義譬若有人年既幼稚捨父逃
逝久住他國或十二十至五十歲年既長大
加復窮困馳騁四方以求衣食漸漸遊行遇
向本國其父先來求子不得中止一城其家
大富財寶无量金銀瑠璃珊瑚虎珀頗梨珠
等其諸倉庫悉皆盈溢多有僮僕臣佐吏民
象馬車乘牛羊无數出入息利乃遍他國商
估賈客亦甚衆多時貧窮子遊諸聚落經歷

估賈客亦甚衆多時貧窮子遊諸聚落經歷
國邑遂到其父所止之城父每念子與子離
别五十餘年而未曾向人說如此事但自思
惟心懷悔恨自念老朽多有財物金銀珎寶
倉庫盈溢无有子息一旦終沒財物散失无
所委付是以慇懃每憶其子復作是念我若
得子委付財物坦然快樂无復憂慮世尊尒
時窮子傭賃展轉遇到父舍住立門側遥見
其父踞師子床寶机承足諸婆羅門剎利居
士皆恭敬圍繞以真珠瓔珞價直千萬莊嚴
其身吏民僮僕手執白拂侍立左右覆以寶
帳垂諸華幡香水灑地散衆名華羅列寶物
出內取與有如是等種種嚴飾威德特尊窮

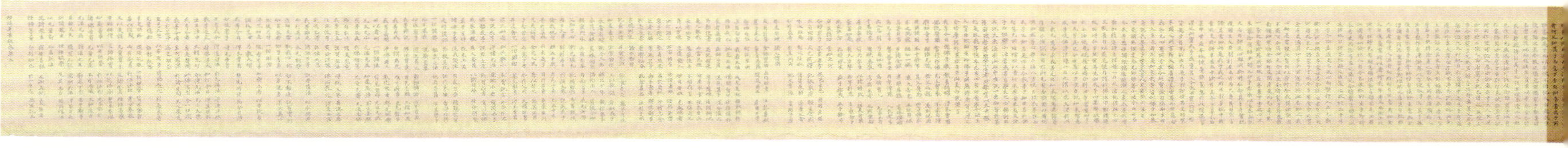

處不如往至貧里肆力有地衣食易得者
住此或見逼迫強使我作作是念已疾走而
去時富長者於師子座見子便識心大歡喜
即作是念我財物庫藏今有所付我常思念
此子无由見之而忽自來甚適我願我雖年
朽猶故貪惜即遣傍人急追將還尒時使者
疾走往捉窮子驚愕稱怨大喚我不相犯何
為見捉使者執之逾急強牽將還于時窮子
自念无罪而被囚執此必定死轉更惶怖悶
絕躃地父遙見之而語使言不須此人勿強
將來以冷水灑面令得醒悟莫復與語所以
者何父知其子志意下劣自知豪貴為子所

者何父知其子志意下劣自知豪貴為子所
難審知是子而以方便不語他人云是我子
使者語之我今放汝隨意所趣窮子歡喜得
未曾有從地而起往至貧里以求衣食尒時
長者將欲誘引其子而設方便密遣二人形
色憔悴无威德者汝可詣彼徐語窮子此有
作處倍與汝直窮子若許將来使作若言欲
何所作便可語之雇汝除糞我等二人亦共
汝作時二使人即求窮子既已得之具陳上
事尒時窮子先取其價尋與除糞其父見子
愍而怪之又以他日於窓牖中遥見子身羸
瘦憔悴糞土塵坌汙穢不淨即脫瓔珞細軟
上服嚴飾之具更著麁弊垢膩之衣塵土坌

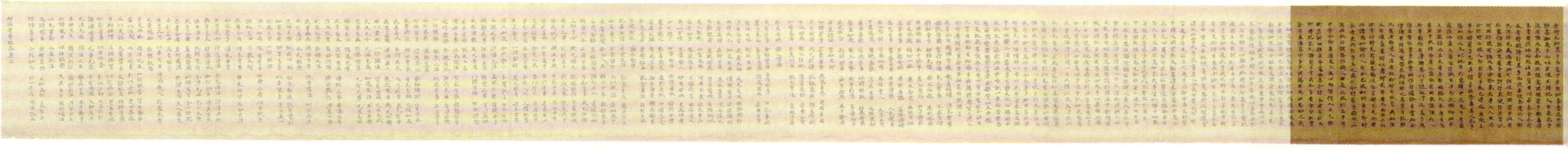

復告言咄男子汝常此作勿復餘去當加汝
價諸有所須瓫器米麵塩酢之屬莫自疑難
亦有老弊使人須者相給好自安意我如汝
父勿復憂慮所以者何我年老大而汝少壯
汝常作時无有欺怠瞋恨怨言都不見汝有
此諸惡如餘作人自今已後如所生子即時
長者更與作字名之為兒尒時窮子雖欣此
遇猶故自謂客作賤人由是之故於二十年
中常令除糞過是已後心相體信入出无難
然其所止猶在本處世尊尒時長者有疾自
知將死不久語窮子言我今多有金銀珍寶
倉庫盈溢其中多少所應取與汝悉知之我

倉庫盈溢其中多少所應取與汝悉知之我
心如是當體此意所以者何今我與汝便為
不異宜加用心无令漏失尒時窮子即受教
勅領知衆物金銀珎及諸庫藏而无希取
一飡之意然其所止故在本處下劣之心亦
未能捨復經少時父知子意漸已通泰成就
大志自鄙先心臨欲終時而命其子并會親
族國王大臣剎利居士皆悉已集即自宣言
諸君當知此是我子我之所生於某城中捨
吾逃走跉跰辛苦五十餘年其本字某我名
某甲昔在本城懷憂推覓忽於此間遇會
得之此實我子我實其父今我所有一切財物
皆是子有先所出内是子所知世尊是時窮

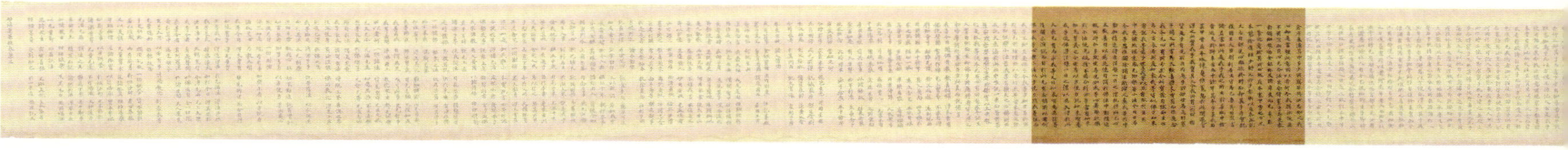

尊大富長者則是如来我等皆似佛子如来
常說我等為子世尊我等以三苦故於生死
中受諸熱惱迷惑无知樂著小法今日世尊
令我等思惟蠲除諸法戲論之糞我等於中
勤加精進得至涅槃一日之價既得此已心
大歡喜自以為足便自謂於佛法中勤精進
故所得弘多然世尊先知我等心著弊欲樂
於小法便見縱捨不為分別汝等當有如来
知見寶藏之分世尊以方便力說如来智慧
我等從佛得涅槃一日之價以為大得於此
大乘无有志求我等又因如来智慧為諸菩
薩開示演說而自於此无有志願所以者何
佛知我等心樂小法以方便力隨我等說而

佛知我等心樂小法以方便力隨我等說而
我等不知真是佛子今我等方知世尊於佛
智慧无所悋惜所以者何我等昔來真是佛
子而但樂小法若我等有樂大之心佛則為
我說大乘法於此經中唯說一乘而昔於菩
薩前毀呰聲聞樂小法者然佛實以大乘教
化是故我等說本无有心有所悕求今法王
大寶自然而至如佛子所應得者皆已得之
尒時摩訶迦葉欲重宣此義而說偈言
我等今日　聞佛音教　歡喜踊躍　得未曾有
佛說聲聞　當得作佛　无上寶聚　不求自得
譬如童子　幼稚无識　捨父逃逝　遠到他國
周流諸國　五十餘年　其父憂念　四方推求

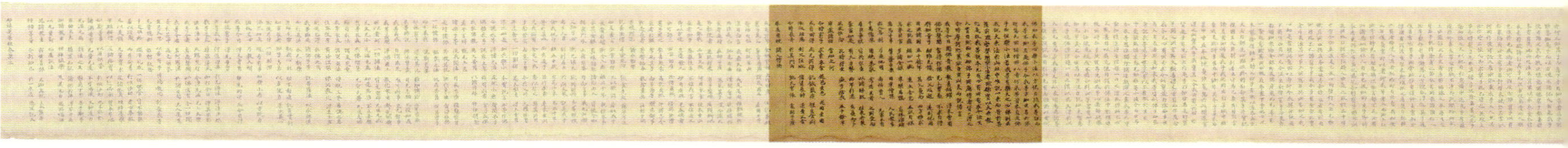

象馬牛羊　輦輿車乘　田業僮僕　人民衆多
出入息利　乃遍他國　商估賈人　无處不有
千萬億衆　圍繞恭敬　常為王者　之所愛念
羣臣豪族　皆共宗重　以諸緣故　往來者衆
豪富如是　有大力勢　而年朽邁　益憂念子
夙夜惟念　死時將至　癡子捨我　五十餘年
庫藏諸物　當如之何
尒時窮子　求索衣食　從邑至邑　從國至國
或有所得　或无所得　飢餓羸瘦　體生瘡癬
漸次經歷　到父住城　傭賃展轉　遂至父舍
尒時長者　於其門內　施大寶帳　處師子座
眷屬圍繞　諸人侍衛

眷屬圍繞　諸人侍衛
或有計筭　金銀寶物　出內財產　注記券疏
窮子見父　豪貴尊嚴　謂是國王　若國王等
驚怖自恠　何故至此
復自念言　我若久住　或見逼迫　強驅使作
思惟是已　馳走而去　借問貧里　欲往傭作
長者是時　在師子座　遙見其子　嘿而識之
即勑使者　追捉將來　窮子驚喚　迷悶躄地
是人執我　必當見殺　何用衣食　使我至此
長者知子　愚癡狹劣　不信我言　不信是父
即以方便　更遣餘人　妙目矬陋　无威德者
汝可語之　云當相雇　除諸糞穢　倍與汝價
窮子聞之　歡喜隨來　為除糞穢　淨諸房舍

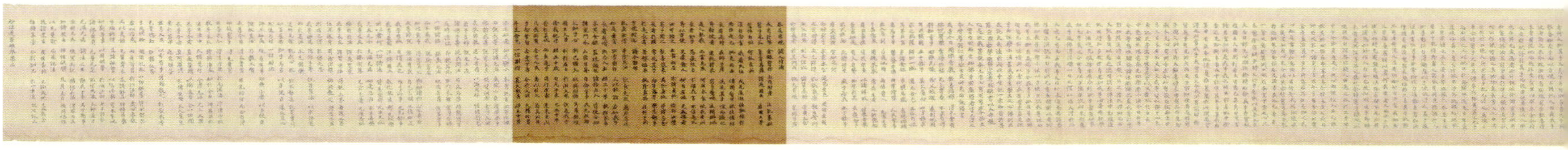

方便附近 語令勤作
既益汝價 并塗足油 飲食充足 薦席厚暖
如是苦言 汝當勤作 又以軟語 若如我子
長者有智 漸令入出 經二十年 執作家事
示其金銀 真珠頗梨 諸物出入 皆使令知
猶處門外 止宿草菴 自念貧事 我無此物
父知子心 漸已曠大 欲與財物 即聚親族
國王大臣 剎利居士 於此大眾 說是我子
捨我他行 經五十歲 自見子來 已二十年
昔於某城 而失是子 周行求索 遂來至此
凡我所有 舍宅人民 悉以付之 恣其所用
子念昔貧 志意下劣 今於父所 大獲珍寶
并及舍宅 一切財物 甚大歡喜 得未曾有

并及舍宅　一切財物　甚大歡喜　得未曾有
佛亦如是　知我樂小　未曾說言　汝等作佛
而說我等　得諸无漏　成就小乘　聲聞弟子
佛勅我等　說最上道　修習此者　當得成佛
我承佛教　為大菩薩　以諸因緣　種種譬喻
若干言辭　說无上道
諸佛子等　從我聞法　日夜思惟　精勤修習
是時諸佛　即授其記　汝於來世　當得作佛
一切諸佛　秘藏之法　但為菩薩　演其實事
而不為我　說斯真要
如彼窮子　得近其父　雖知諸物　心不希取
我等雖說　佛法寶藏　自无志願　亦復如是
我等內滅　自謂為足　唯了此事　更无餘事

所以者何　一切諸
无大无小　无漏无為　如是思惟　不生喜樂
我等長夜　於佛智慧　无貪无著　无復志願
而自於法　謂是究竟
我等長夜　脩習空法　得脫三界　苦惱之患
住最後身　有餘涅槃　佛所教化　得道不虛
則為已得　報佛之恩
我等雖為　諸佛子等　說菩薩法　以求佛道
而於是法　永无願樂
道師見捨　觀我心故　初不勸進　說有實利
如富長者　知子志劣　以方便力　柔伏其心
然後乃付　一切財物
佛亦如是　現希有事　知樂小者　以方便力
調伏其心　乃教大智

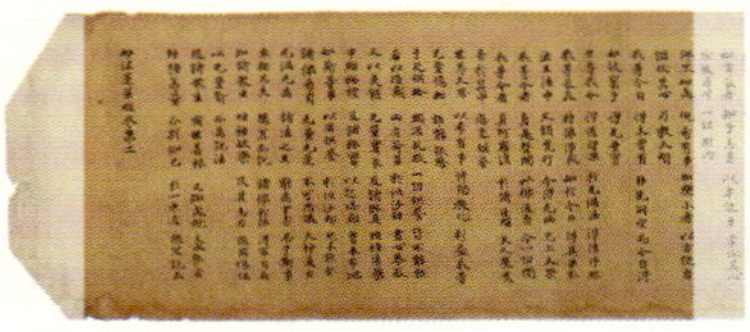

佛亦如是　現希有事　知樂小者　以方便力
調伏其心　乃教大智
我等今日　得未曾有　非先所望　而今自得
如彼窮子　得无量寶
世尊我今　得道得果　於无漏法　得清淨眼
我等長夜　持佛淨戒　如於今日　得其果報
法王法中　久脩梵行　今得无漏　无上大果
我等今者　真是聲聞　以佛道聲　令一切聞
我等今者　真阿羅漢　於諸世間　天人魔梵
普於其中　應受供養
世尊大恩　以希有事　憐愍教化　利益我等
无量億劫　誰能報恩
手足供給　頭頂礼敬　一切供養　皆不能報

牛頭栴檀　及諸珎寶　以起塔廟　寶衣布地
如斯等事　以用供養　於恒沙劫　亦不能報
諸佛希有　无量无邊　不可思議　大神通力
无漏无為　諸法之王　能為下劣　忍于斯事
取相凡夫　隨宜而説　諸佛於法　得最自在
知諸衆生　種種欲樂　及其志力　隨所堪任
以无量喻　而為説法
隨諸衆生　宿世善根　又知成就　未成熟者
種種籌量　分別知已　於一乘道　隨宜説三

妙法蓮華經卷第二

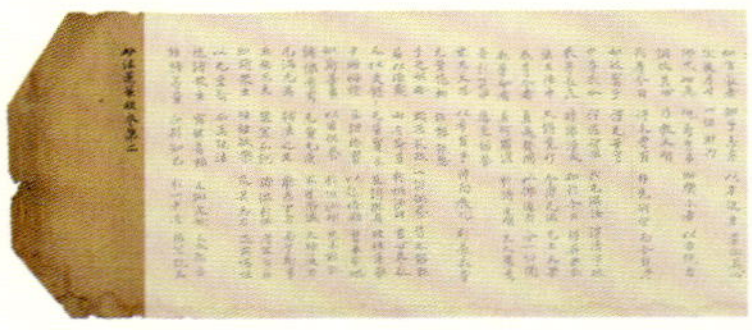

妙法蓮華經卷苐二

BD00533 大般若波羅蜜多經卷五五一

（唐）玄奘 譯

BD00533v 大般若波羅蜜多經卷五五一

（唐）玄奘 譯

54.2cm × 26cm

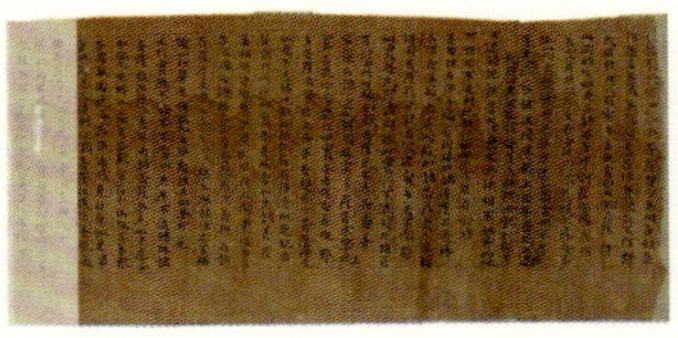

多法引發何心能令菩薩習空無相無願無
作無生無滅無起無盡無性實際而不作證
然脩般若波羅蜜多善現當知若餘菩薩得
此問時作如是荅諸菩薩摩訶薩但應思惟
若空若無相乃至若實際不為顯示應念不
捨一切有情攝受殊勝方便善巧當知彼菩
薩先求蒙諸佛授與無上正等菩提不退轉
記所以者何彼諸菩薩未能開示記別顯了
不退轉地諸菩薩衆不共法相不如實知
所諸問不退轉地諸行狀相亦不能荅尒時
善現便白佛言頗有因緣知諸菩薩不退轉
不佛告善現亦有因緣知諸菩薩是不退轉
謂有菩薩於深般若波羅蜜多若不聞能

現復白佛言以何因緣有多薩菩求學無上
正等菩提少有能作如實答者佛告善現雖
多菩薩求學無上正等菩提而少菩薩得受
如是不退轉地微妙慧記若有得受如是記者
皆能於此作如實答善現當知是諸菩薩
善根明淨智慧深廣世間天人阿素洛等不
能破壞必證無上正等菩提復次善現若諸
菩薩乃至夢中亦不愛樂三界諸法亦不稱
讚一切聲聞獨覺法雖觀諸法如夢所見
而於實際不證不取當知是為不退轉地諸
菩薩復相復次善現若諸菩薩夢見如來應正
等覺坐師子座有無數量百千俱胝苾芻衆
恭敬圍繞而為說法或見自身如是事
當知是為不退轉地諸菩薩相復次善現若

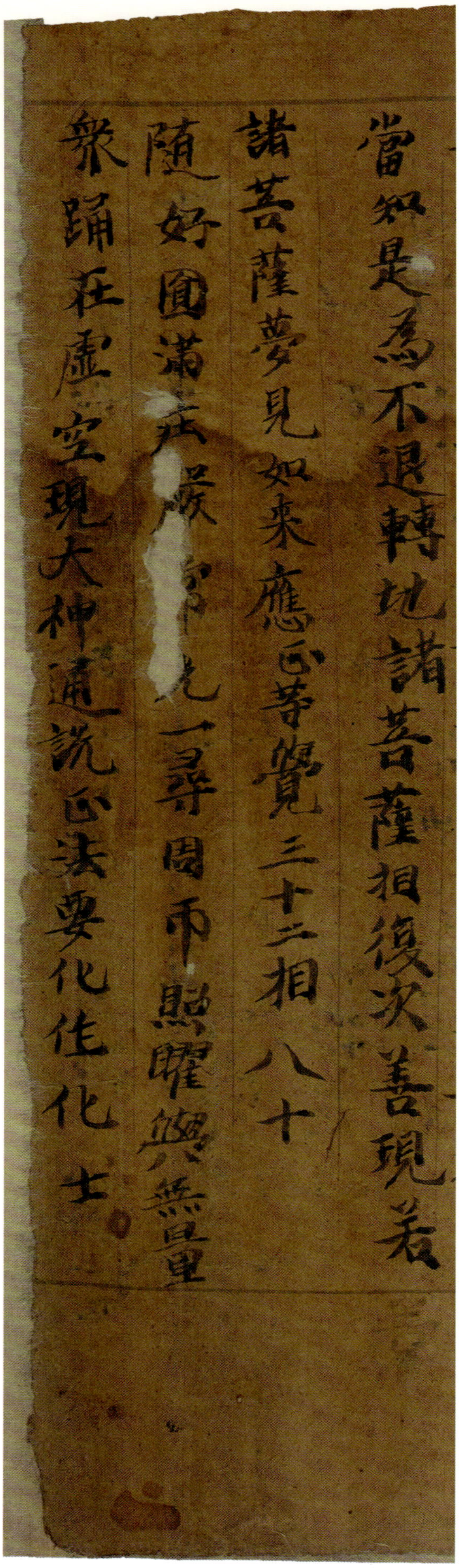

當知是為不退轉地諸菩薩相復次善現若
諸菩薩夢見如來應正等覺三十二相八十
隨好圓滿莊嚴常光一尋周帀照曜與無量
衆踊在虛空現大神通説正法要化作化士

令往他方無邊佛土施作佛事或見自身有有
如是事當知是不退轉地諸菩薩相復次
善現若諸菩薩夢見狂賊破壞村城或見大
起焚燒聚落或見師子虎狼猛獸毒虵惡蝎
欲來害身或見怨家欲斬其首或見父母妻
子眷屬臨當命終或見自身有餘苦事欲相
逼迫雖見此等諸怖畏事而不驚懼亦不憂
惱從夢覺已即能思惟三界非真皆如夢見
我得無上正等覺時當為有情說三界法一
切虛妄皆如夢境當知是為不退轉地諸菩
薩相復次善現若諸菩薩乃至夢見有地
獄傍生界諸有情類便作是念我當精勤
脩諸菩薩摩訶薩行速趣及名從夢
佛土中得無地獄傍生界惡趣及名從夢
覺已亦作是念善現當知是諸菩薩
時國土清淨定無惡趣及惡趣名當知是為
不退轉地諸菩薩相復次善現若諸菩薩

不退轉地諸菩薩相復次善現若諸菩薩
中見火燒地獄等諸有情類或復見燒城邑
聚落便發誓願我若已受不退轉記當證
上正等菩提願此大火即時頓滅變爲清涼
若此菩薩作是願已夢中見火即頓滅當
知已受不退轉地若此菩薩作是願已夢中
見火不即頓滅當知未受不退轉記復
現若諸菩薩寤覺時現見大火卒起燒諸城
或燒聚落便作是念我在夢中或在覺位
見自有不退轉地諸行狀相未審虛實若我
所自性皆空

BD00534 大般若波羅蜜多經卷三六八

（唐）玄奘 譯

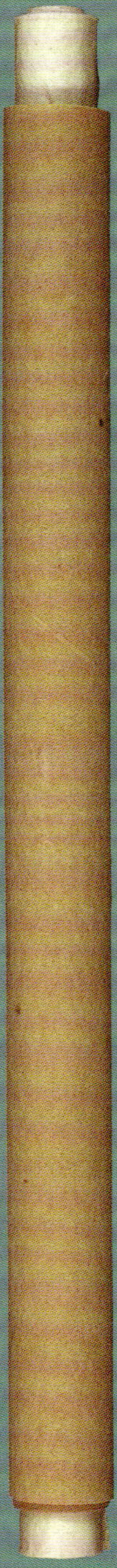

50.6cm × 25cm

應觀聲香味觸法處
戲論故不應戲論應觀色處
若非所遍知不可戲論故不應戲論
味觸法處若是所遍知若非所遍知不可戲
論故不應戲論
善現菩薩摩訶薩行深般若波羅蜜多時應
觀眼界若常若无常不可戲論故不應戲
論應觀耳鼻舌身意界若常若无常不可
戲論故不應戲論應觀眼界若樂若苦不可戲
論故不應戲論應觀耳鼻舌身意界若樂若
苦不可戲論故不應戲論應觀眼界若我若无
我不可戲論故不應戲論應觀耳鼻舌身意
界若我若无我不可戲論故不應戲論應觀

不應戲論應觀眼界若寂靜若不寂靜不可
戲論故不應戲論應觀耳鼻舌身意界若寂
靜若不寂靜不可戲論故不應戲論應觀眼
界若遠離若不遠離不可戲論故不應戲論
應觀耳鼻舌身意界若遠離若不遠離不可
戲論故不應戲論應觀眼界若是所遍知若
非所遍知不可戲論故不應戲論應觀耳鼻
舌身意界若是所遍知若非所遍知不可戲
論故不應戲論
善現菩薩摩訶薩行深般若波羅蜜多時應
觀色界若常若无常不可戲論故不應戲論
應觀聲香味觸法界若常若无常不可戲
論故不應戲論應觀色界若樂若苦不可戲論
故不應戲論應觀聲香味觸法界若樂若苦

故不應戲論應觀聲香味觸法界若樂若苦

我若无

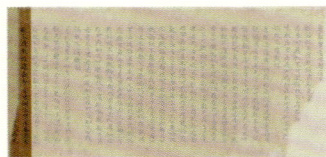

BD00535 無常經

（唐）義净 譯

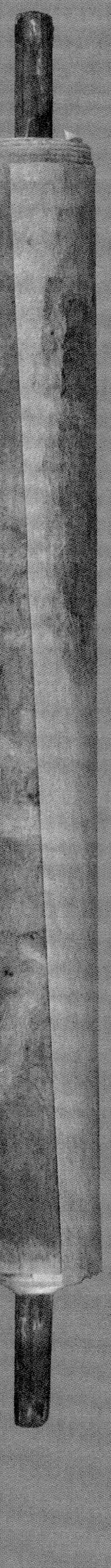

143.8cm × 25.3cm

佛説無常經 亦名三啓經

稽首歸依無上士　常起弘誓大悲心
為濟有情生死流　令得涅槃安隱處
大捨防非忍無倦　一心方便智慧力
自利利他悉圓滿　故号調御天人師
稽首歸依妙法藏　三四二五理圓明
七八能開四諦門　修者咸到無為岸
法雲法雨潤群生　能除熱惱蠲衆病
難化之徒使調順　隨機引導非强力
稽首歸依真聖衆　八輩上人能離染
金剛智杵破邪山　永斷無始相纏縛
始從鹿苑至雙林　隨佛一代弘真教
各稱本緣行化已　灰身滅智證無生

生者皆歸死　容顏盡變衰　強力病所侵　無能免斯者
假使妙高山　劫盡皆壞散　大海深無底　亦復皆枯竭
大地及日月　時至皆歸盡　未曾有一事　不被無常吞
上至非想處　下至轉輪王　七寶鎮隨身　千子常圍繞
如其壽命盡　須臾不暫停　還漂死海中　隨緣受衆苦
循環三界内　猶如汲井輪　亦如蠶作繭　吐絲還自縛
無上諸世尊　獨覺聲聞衆　尚捨無常身　何況諸凡夫
父母及妻子　兄弟并眷屬　目觀生死隔　云何不愁歎
是故勸諸子　諦聽真實法　共捨無常處　當行不死門
佛教如甘露　除熱得清涼　一心應善聽　能滅諸煩惱
如是我聞一時薄伽梵在室羅伐城逝多林
給孤獨園尒時佛告諸苾芻有三種法於諸
世間是不可愛是不光澤是不可念是不稱

世間是不可愛是不光澤是不可念是不稱
意何者爲三謂老病死汝諸苾芻若此老病死於
諸世間實不可愛實不光澤實不可念實不
稱意若老病死世間無者如來應正等覺不
出於世爲諸衆生說所證法及調伏事是故
應知此老病死於諸世間是不可愛是不光
澤是不可念是不稱意由此三事如來應正
等覺出現於世爲諸衆生說所證法及調伏
事尔時世尊重說頌曰

外事莊彩咸歸壞　內身衰變亦同然
唯有勝法不滅亡　諸有智人應善察
此老病死皆共嫌　形儀醜惡極可猒
少年容貌暫時停　不久咸悉成枯悴

尒時世尊說是經已諸苾蒭衆天龍藥叉揵
達婆阿蘇洛等皆大歡喜信受奉行
常求諸欲境　不行於善事　云何保形命　不見死來侵
命根氣欲盡　支節悉分離　衆苦與死俱　此時徒歎恨
兩目俱翻上　死刀隨業下　意想並慞惶　無能相救濟
長喘連胸急　噎氣喉中乾　死王催伺命　親屬徒相守
諸識皆昏昧　行入險城中　親知咸棄捨　任彼繩牽去
將至琰摩王　隨業而受報　勝因生善道　惡業墮泥犁
明眼無過慧　黑闇不過癡　病不越怨家　大怖無過死
有生皆必死　造罪苦切身　當勤策三業　恒修於福智
眷屬皆捨去　財貨任他將　但持自善根　險道充糧食
譬如路傍樹　暫息非久停　車馬及妻兒　[illegible]皆如是
譬如群宿鳥　夜聚旦隨飛　死去別親知　乖離亦如是

譬如群宿鳥　夜聚旦隨飛　死去别親知　乖離亦如是
唯有佛菩提　是真歸仗處　依經我略説　智者善應思
天阿蘇羅藥叉等　來聽法者應至心
擁護佛法使長存　各各勤行世尊教
諸有聽徒來至此　或在地上或居空
常於人世起慈心　晝夜自身依法住
願諸世界常安隱　无邊福智益群生
所有罪業並消除　遠離衆苦歸圓寂
恒用戒香塗瑩體　常持定服以資身
菩提妙花遍莊嚴　隨所住處常安樂
初後讚勸乃是尊者馬鳴取經意而集造
中是正經金口所説事有三開故名三啓

佛説无常經一

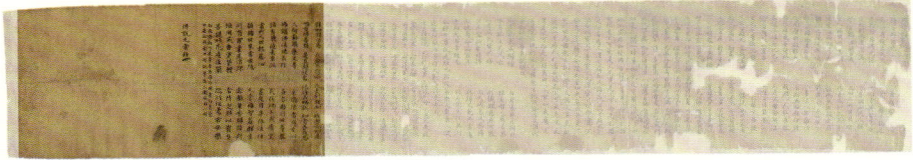

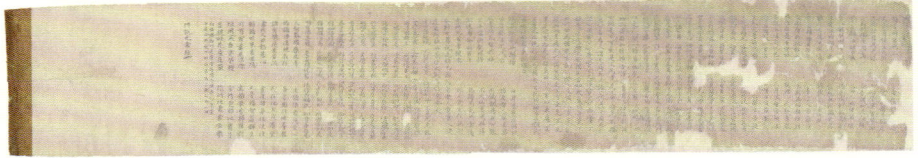

BD00536 維摩詰所說經卷上

（後秦）鳩摩羅什 譯

BD00536v 癸酉年便物契（擬）

103.5cm×26cm

當知直心是菩薩淨土菩薩成佛時不諂眾
生來生其國深心是菩薩淨土菩薩成佛時
具足功德眾生來生其國發大乘心是菩薩淨
土菩薩成佛時大乘眾生來生其國布施是
菩薩淨土菩薩成佛時一切能捨眾生來生
其國持戒是菩薩淨土菩薩成佛時行十善
道滿願眾生來生其國忍辱是菩薩淨土菩
薩成佛時三十二相莊嚴眾生來生其國精
進是菩薩淨土菩薩成佛時勤脩一切功德
眾生來生其國禪定是菩薩淨土菩薩成
佛時攝心不亂眾生來生其國智慧是菩薩
淨土菩薩成佛時正定眾生來生其國四无量心
是菩薩淨土菩薩成佛時成就慈悲喜捨眾
生來生其國四攝法是菩薩淨

[illegible]方便是菩薩淨
土菩薩成佛時於一切法方便无礙衆生来
生其國卅七道品是菩薩淨土菩薩成佛
時念處正勤神足根力覺道衆生来生其
國迴向心是菩薩淨土菩薩成佛時得一切
具足功德國土說除八難是菩薩淨土菩薩
成佛時國土无有三惡八難自守戒行不譏
彼闕是菩薩淨土菩薩成佛時國土无有犯
禁之名十善是菩薩淨土菩薩成佛時命不
中夭大冨梵行所言誠諦常以軟語眷屬
不離善和諍訟言必饒益不嫉不恚正見
衆生来生其國如是寶積菩薩隨其直心則
能發行隨其發行則得深心隨其深心則意
調伏隨意調伏則如說行隨如說行則能迴
向隨其迴向則有方便隨其方便則成就衆

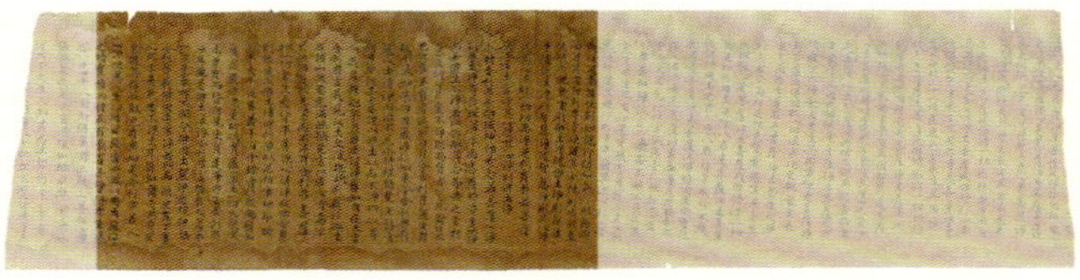

調伏隨意調伏則如說行隨如說行則能迴
向隨其迴向則有方便隨其方便則成就衆
生隨成就衆生則佛土淨隨佛土淨則說法
淨隨說法淨則智慧淨隨智慧淨則其心淨
隨其心淨則一切功德淨是故寶積若菩薩
欲得淨土當淨其心隨其心淨則佛土淨
尒時舍利弗承佛威神作是念若菩薩心淨
則佛土淨者我世尊本為菩薩時意豈不淨
而是佛土不淨若此佛知其念即告之言於
意云何日月豈不淨耶而盲者不見對曰不
也世尊是盲者過非日月咎舍利弗衆生罪
故不見如来佛國嚴淨非如来咎舍利弗我
見此土清淨而汝不見尒時螺髻梵王語舍
利弗勿作是意謂此佛土以為不淨所以者

石諸山穢惡充滿螺髻梵言仁者心有高下
不依佛慧故見此土為不淨耳舍利弗菩薩
於一切衆生悉皆平等深心清淨依佛智慧
則能見此佛土清淨於佛以足指案地即時
三千大千世界若干百千珎寶嚴飾譬如
寶莊嚴佛无量功德寶莊嚴土一切大衆歎
未曾有而皆自見坐寶蓮華佛告舍利弗
汝且觀是佛土嚴淨舍利弗言唯然世尊本
所不見本所不聞今佛國土嚴淨悉現佛語
舍利弗我佛國土常淨若此為欲度斯下劣
人故示是衆惡不淨土耳譬如諸天共寶器
食隨其福德飯色有異如是舍利弗若人
心淨便見此土功德莊嚴當佛現此國土嚴淨
之時寶積所將五百長者子皆得无生法

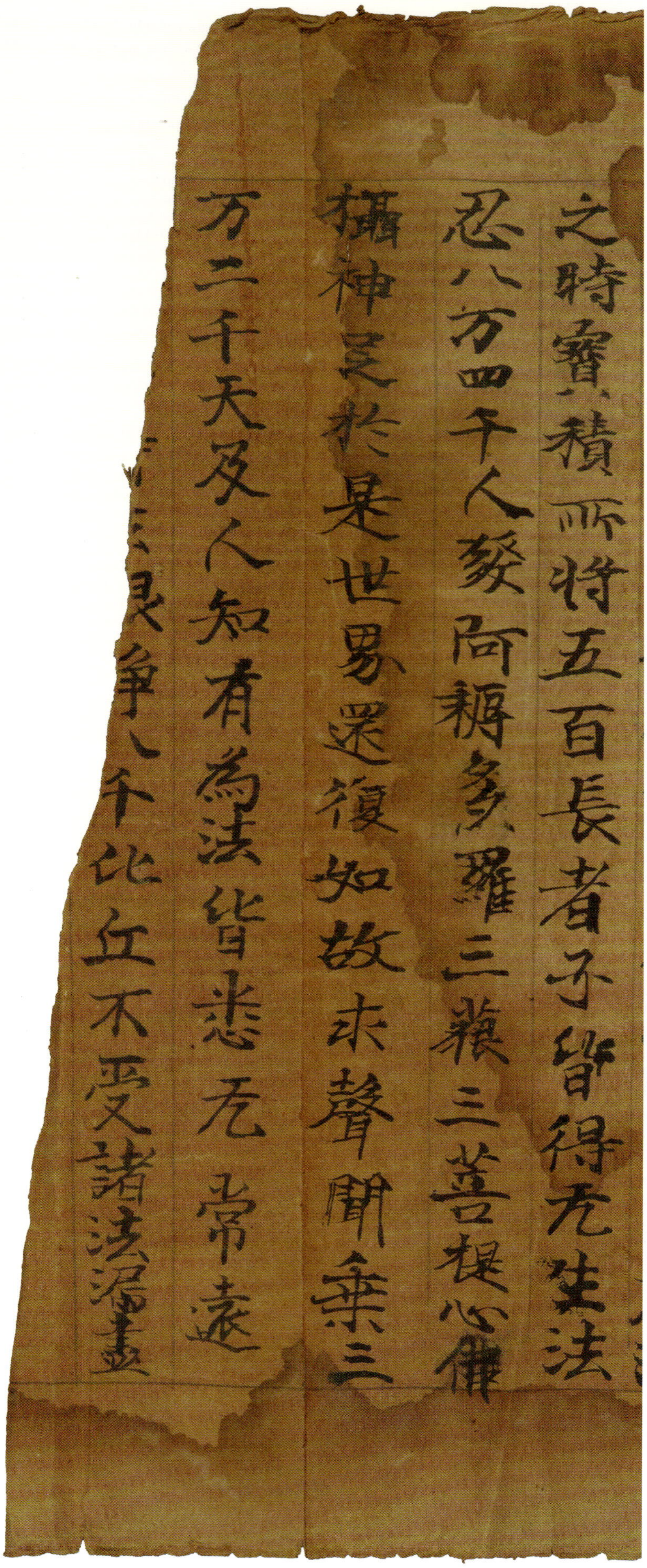

之時寶積所将五百長者子皆得无生法
忍八万四千人發阿耨多羅三藐三菩提心佛
攝神足於是世界還復如故求聲聞乘三
万二千天及人知有為法皆悉无常遠
法眼淨八千比丘不受諸法漏盡

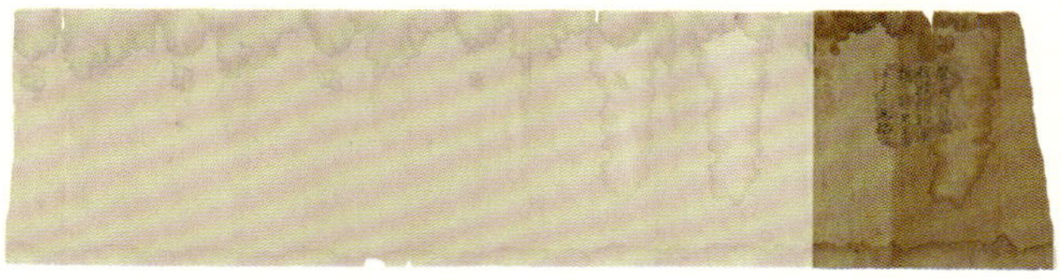

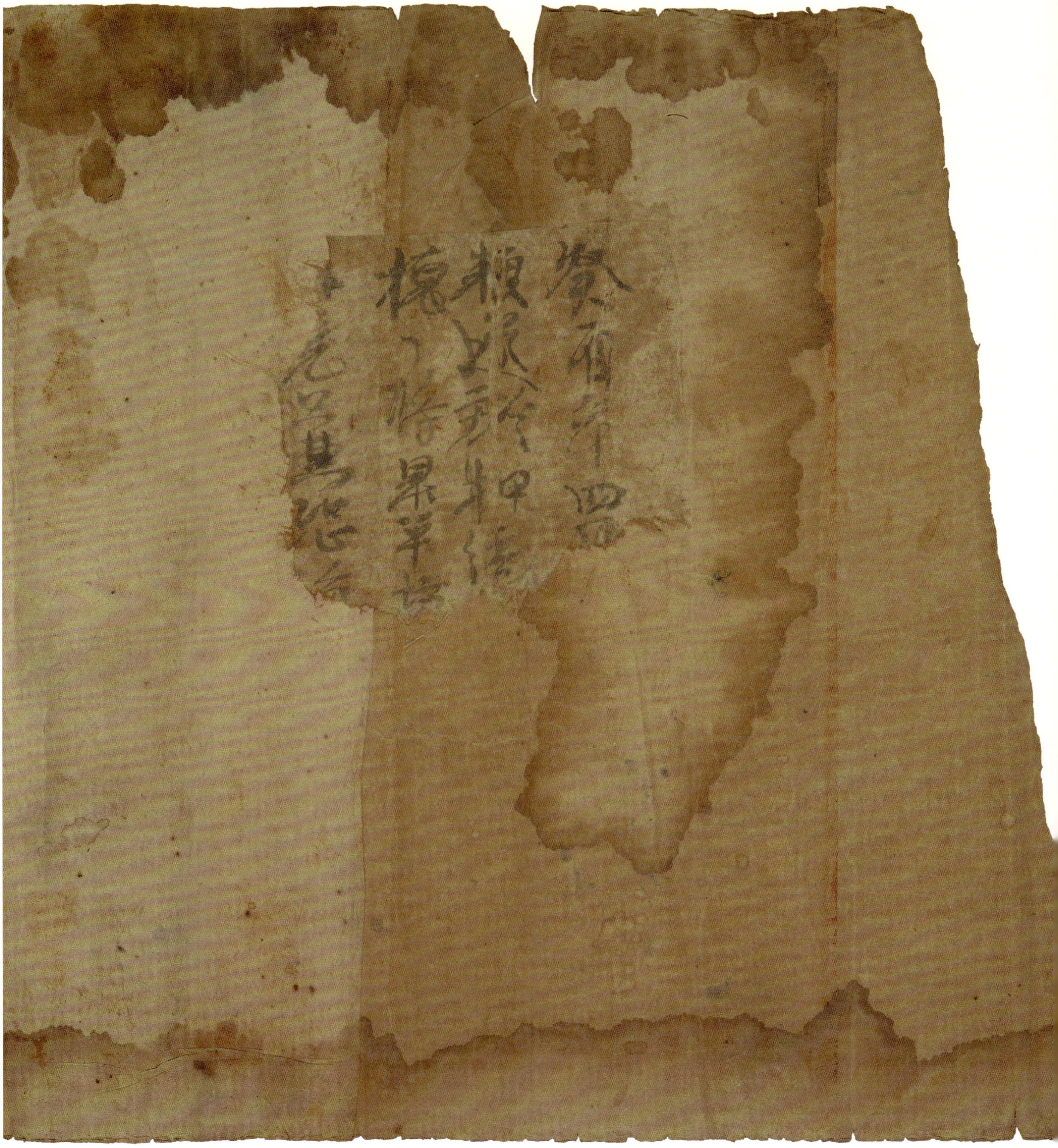

BD00536v　癸酉年便物契（擬）

BD00537

大佛頂如來密因修證了義諸菩薩萬行首楞嚴經卷一

（唐）般剌蜜帝 譯

286.7cm×26.6cm

中〻[illegible]不[illegible]不身若在
身者在邊非中在中同内若在處者為有所
表為无所表无表同无表則无定何以故如人
以表表為中時東看則西南觀成北表體
既混心應雜乱
阿難言我所說中非此二種如世尊言眼色為
緣生於識眼有分別色塵无知識生其中
則為心在佛言汝心若在根塵之中此之心
體為復兼二為不兼二若兼二者物體雜乱
物非體知成敵兩立云何為中兼二不成非
知不知即无體性中何為相是故應知當
在中間无有是處

言覺知分別心性既不在内亦不在外不在中
間俱无所在一切无著名之爲心則我无著
名爲心不
佛告阿難汝言覺知分別心性俱无在者世
間虚空水陸飛行諸所物象名爲一切汝
不著者爲在爲无无則同於龜毛兎角云
何不著有不著者不可名无无相則无非
无則相相有則在云何无著是故應知一切
无著名覺知心无有是處
尒時阿難在大衆中即從座起偏袒右肩右
膝著地合掌恭敬而白佛言我是如來最小
之弟蒙佛慈愛雖今出家猶恃驕憐所以多
聞未得无漏不能折伏娑毗羅呪爲彼所轉

BD00537　大佛頂如來密因修證了義諸菩薩萬行首楞嚴經卷一

聞未得无漏不能折伏娑毗羅呪爲彼所轉
溺於婬舍當由不知真際所指唯願世尊大慈
哀愍開示我等奢摩他路令諸闡提隳弥
戾車作是語已五體投地及諸大衆傾渴翹
佇欽聞示誨
尒時世尊從其面門放種種光其光晃耀如
百千日普佛世界六種震動如是十方微塵國
土一時開現佛之威神令諸世界合成一界
其世界中所有一切諸大菩薩皆住本國合
掌承聽
佛告阿難一切衆生從无始來種種顛倒業
種自然如惡叉聚諸脩行人不能得成无上
菩提乃至別成聲聞緣覺及成外道諸天魔
王及魔眷屬皆由不知二種根本錯乱脩習

諸衆生用攀緣心爲自性者二者无始菩
提涅槃元清淨體則汝今者識精元明能
生諸緣所遺失者由諸衆生遺此本明雖終日
行而不自覺枉入諸趣
阿難汝今欲知奢摩他路願出生死今復問
汝即時如來舉金色臂屈五輪指語阿難
言汝今見不阿難言見佛言汝何所見阿難言
我見如來舉臂屈指爲光明拳耀我心目
佛言汝將誰見阿難言我與大衆同將眼見
佛告阿難汝今荅我如來屈指爲光明拳耀
汝心目汝目可見以何爲心當我拳耀阿難言
如來現今徵心所在而我以心推窮尋逐即能
推者我將爲心
佛言咄阿難此非汝心阿難矍然避座合掌起

BD00537　大佛頂如來密因修證了義諸菩薩萬行首楞嚴經卷一

推者我將爲心
佛言咄阿難此非汝心阿難矍然避座合掌起
立白佛此非我心當名何等佛告阿難此是
前塵虚妄相想惑汝真性由汝无始至于
今生認賊爲子失汝元常故受輪轉
阿難白佛言世尊我佛寵弟心愛佛故令我
出家我心何獨供養如来乃至遍歷恒沙國
土承事諸佛及善知識發大勇猛行諸一切難
行法事皆用此心縱令謗法永退善根亦因此
心若此發明不是心者我乃无心同諸土木
離此覺知更无所有云何如来説此非心我
實驚怖兼此大衆无不疑惑惟垂大悲
開示未悟
尒時世尊開示阿難及諸大衆欲令心入无生

因心成體阿難若諸世界一切所有其中乃至
草葉縷結詰其根元咸有體性縱令虛空
亦有名貌何況清淨妙淨明心性一切心而自
无體若汝執悋分別覺觀所了知性必為心
者此心即應離諸一切色香味觸諸塵事
業別有全性如汝今者承聽我法此則因聲
而有分別縱滅一切見聞覺知內守幽閑猶
為法塵分別影事我非勅汝執為非心但汝
於心微細揣摩若離前塵有分別性即真
汝心若分別性離塵无體斯則前塵分別影
事塵非常住若變滅時此心則同龜毛兔
角則汝法身同於斷滅其誰脩證无生法忍
即時阿難與諸大眾默然自失佛告阿難世

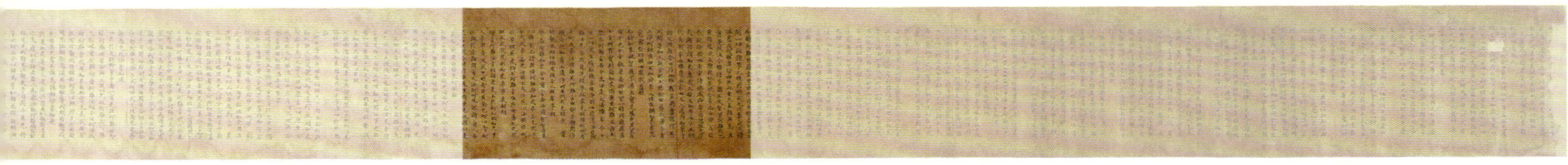

即時阿難與諸大衆默然自失佛告阿難世
間一切諸脩學人現前雖成九次第定不得
漏盡成阿羅漢皆由執此生死妄想誤爲真
實是故汝今雖得多聞不成聖果阿難聞已
重復悲淚五體投地長跪合掌而白佛言自
我從佛發心出家恃佛威神常自思惟无勞
我脩行謂如來惠我三昧不知身心本不相
代失我本心雖身出家心不入道譬如窮子
捨父逃逝今日乃知雖有多聞若不脩行與
不聞等如人說食終不能飽世尊我等今者
二障所纏良由不知寂常心性唯願如來哀愍
窮露發妙明心開我道眼
即時如來從胷卍字涌出寶光其光晃昱有
百千色十方微塵普佛世界一時周遍遍灌

方一切衆生獲妙微密性淨明心得清淨眼阿
難汝先荅我見光明拳此拳光明因何所有
云何成拳汝將誰見阿難言由佛全體閻浮
檀金艴如寶山清淨所生故有光明我　實
眼觀五輪指端屈握示人故有拳相
佛告阿難如來今日實言告汝諸有智者要
以譬喻而得開悟阿難譬如我拳若无我手
不成我拳若无汝眼不成汝見以汝眼根例
我拳理其義均不阿難言唯然世尊既无我
眼不成我見例如來拳事義相類
佛言阿難汝言相類是義不然何以故如无手
人拳畢竟滅彼无眼者非見全无所以者何
汝試於途詢問盲人汝何所見彼諸盲人必
[illegible]答[illegible]我今眼前唯見黑暗更无他矚以是

BD00537　大佛頂如來密因修證了義諸菩薩萬行首楞嚴經卷一

汝諸於途詢問盲人汝何所見彼諸盲人必
來荅汝我今眼前唯見黑暗更无他矚以是
義觀前塵自暗見何虧損
阿難言諸盲眼前唯覩黑暗云何成見佛告阿
難諸盲无眼唯觀黑暗與有眼人處於暗
室二黑有別為无有別如是世尊此暗中人
與彼群盲二黑校量曾无有異阿難若无
眼人全見前黑忽得眼光還於前塵見種種
色名眼見者彼暗中人全見前黑忽獲燈光
亦於前塵見種種色應名燈見若燈見者燈
能有見自不名燈又則燈觀何關汝事是故
當知燈能顯色如是見者是眼非燈眼能顯
色如是見性是心非眼
阿難雖復得聞是言與諸大衆口已默然心未

尒時世尊舒兜羅綿網相光手開五輪指誨
勅阿難及諸大衆我初成道於鹿園中為
阿若多五比丘等及汝四衆言一切衆生不
成菩提及阿羅漢皆由客塵煩惱所誤汝
等當時因何開悟今成聖果
時憍陳那起立白佛我今長老於大衆中獨
得解名因悟客塵二字成果世尊譬如行客
投寄旅亭或宿或食食宿事畢俶裝前
途不遑安住若實主人自无攸往如是思惟
不住名客住名主人以不住者名為客義
又如新霽清暘昇天光入隙中發明空中諸
有塵相塵質搖動虛空寂然如是思惟澄寂名
空搖動名塵以搖動者名為客義佛言如是
即時如來於大衆中屈五輪指屈已復開開已

BD00537　大佛頂如來密因修證了義諸菩薩萬行首楞嚴經卷一

空搖動名塵以搖動者名爲客義佛言如是
即時如來於大衆中屈五輪指屈已復開開已
又屈謂阿難言汝今何見阿難言我見如來
百寶輪掌衆中開合佛告阿難汝見我手
衆中開合爲是我手有開有合爲復汝見有
開有合阿難言世尊寶手衆中開合我見如
來手自開合非我見性自開自合佛言誰動
誰靜阿難言佛手不住而我見性尚无有靜
誰爲无住佛言如是
如來於是從輪掌中飛一寶光在阿難右即
時阿難迴首右盻又放一光在阿難左阿難
又則迴首左盻佛告阿難汝頭今日何因搖
動阿難言我見如來出妙寶光來我左右
故左右觀頭自搖動阿難汝盻佛光左右動

於是如來普告大衆若復衆生以搖動者名
之為塵以不住者名之為客汝觀阿難頭自動
搖見无所動又汝觀我手自開合見无舒
卷云何汝今以動為身以動為境從始洎
終念念生滅遺失真性顛倒行事性心失
真認物為己輪迴是中自取流轉

大佛頂經卷第一

BD00537　大佛頂如來密因修證了義諸菩薩萬行首楞嚴經卷一

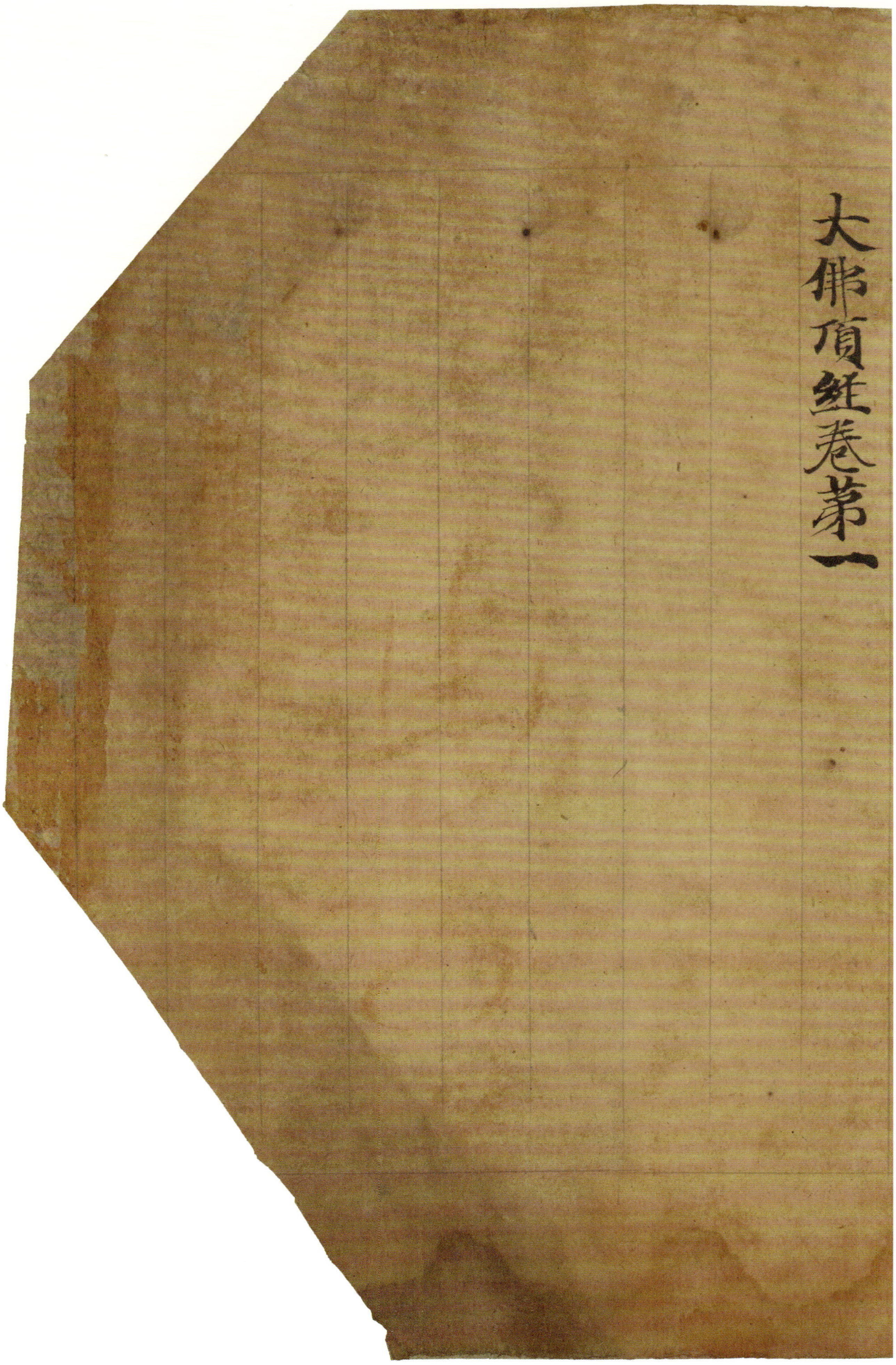
大佛頂經卷第一

BD00537　大佛頂如來密因修證了義諸菩薩萬行首楞嚴經卷一　（7–7）

BD00538 維摩詰所説經卷上

（後秦）鳩摩羅什 譯

117.5cm × 26cm

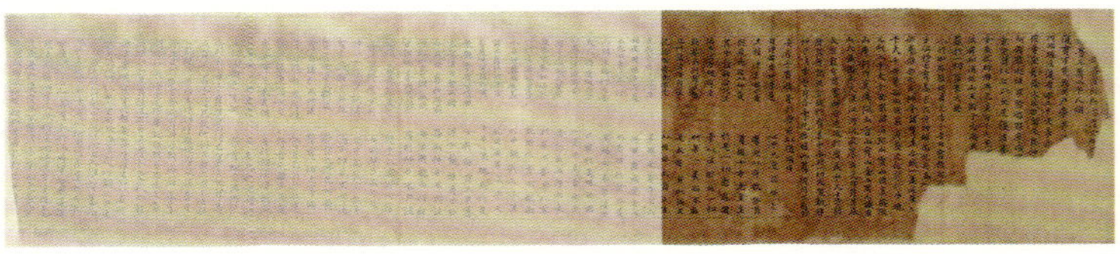

髻菩薩弥勒菩薩文殊師
等三萬二千人俱
復有万梵天王尸棄等從
所而聽法復有万二千天帝亦
在會坐并餘大威力諸天龍神
阿脩羅迦樓羅緊那羅摩睺羅
會坐諸比丘比丘尼優婆塞
會坐彼時佛與无量百千之衆
法譬如須弥山王顯于大海安
蔽於一切諸來大衆
尒時毗耶離城有長者子名曰寶積與五
子俱持七寶蓋來詣佛所頭面礼足各以
供養佛佛之威神令諸寶蓋合成一蓋遍覆三

山摩訶目真隣陁山香山寶山金山黑山鐵圍
山大鐵圍山大海江河川流泉源及日月星辰
天宮龍宮諸尊神宮悉現於寶蓋中又十方諸
佛諸佛說法亦現於寶蓋中尒時一切大衆覩佛
神力嘆未曾有合掌礼佛瞻仰尊顔目不暫捨
長者子寶積即於佛前以偈頌曰
目淨脩廣如青蓮　心淨已度諸禪定
久積淨業稱无量　導衆以寂故稽首
既見大聖以神變　普現十方无量土
其中諸佛演說法　於是一切悉見聞
法王法力超群生　常以法財施一切
能善分別諸法相　於第一義而不動
已於諸法得自在　是故稽首此法王
說法不有亦不无　以因緣故諸法生

BD00538　維摩詰所説經卷上

說法不有亦不无 以因緣故諸法生
无我无造无受者 善惡之業亦不亡
始在佛樹力降魔 得甘露滅覺道成
已无心意无受行 而悉摧伏諸外道
三轉法輪於大千 其輪本來常清淨
天人得道此為證 三寶於是現世間
以斯妙法濟群生 一受不退常寂然
度老病死大醫王 當礼法海得无邊
毀譽不動如須弥 於善不善等以慈
心行平等如虛空 孰聞人寶不敬承
今奉世尊此微蓋 於中現我三千界
諸天龍神所居宮 乾闥婆等及夜叉
悉見世間諸所有 十力哀現是化變
衆覩希有皆嘆佛 今我稽首三界尊

佛以一音演說法　眾生隨類各得解
皆謂世尊同其語　斯則神力不共法
佛以一音演說法　眾生各各隨所解
普得受行獲其利　斯則神力不共法
佛以一音演說法　或有恐畏或歡喜
或生厭離或斷疑　斯則神力不共法
稽首十力大精進　稽首已得无所畏
稽首住於不共法　稽首一切大導師
稽首能斷眾結縛　稽首已到於彼岸
稽首能度諸世間　稽首永離生死道
悉知眾生來去相　善於諸法得解脫
不著世間如蓮花　常善入於空寂行
達諸法相无罣礙　稽首如空無所依
尒時長者子寶積說此偈已白佛言世尊是

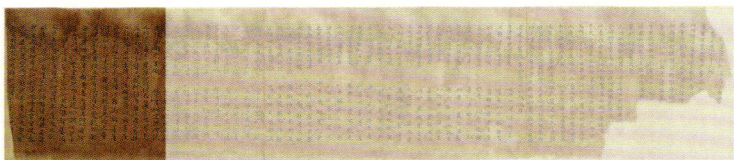

不著世間如蓮華　常善入於空寂行
達諸法相无罣礙　稽首如空無所依
尒時長者子寶積說此偈已白佛言世尊是
五百長者子皆已發阿耨多羅三藐三菩提
心願聞得佛國土清淨唯願世尊說諸菩薩
淨土之行佛言善哉寶積乃能爲諸菩薩
問於如來淨土之行諦聽諦聽善思念之當
爲汝說於是寶積及五百長者子受教而聽
佛言寶積衆生之類是菩薩佛土所以者何
菩薩隨所化衆生而取佛土隨所調伏衆生
而取佛土隨諸衆生應以何國入佛智慧而
取佛土隨諸衆生應以何國起菩薩根而取
佛土所以者何菩薩取於淨國皆爲饒益諸
衆生故譬如有人欲於空地造立宮室隨意

BD00539

妙法蓮華經卷一

（後秦）鳩摩羅什 譯

433.5cm × 25.3cm

誦[illegible]法
皆已具足舍利弗如來知見廣大深遠无量
无礙力无所畏禪定解脫三昧深入无際成
就一切未曾有法舍利弗如來能種種分別
巧說諸法言辭柔軟悅可衆心舍利弗取要
言之无量无邊未曾有法佛悉成[illegible]
弗不須復說所以者何佛所成就第
難解之法唯佛與佛乃能究竟諸法實
謂諸法如是相如是性如是體如是力 如是
作如是因如是緣如是果如是報如是本末
究竟等尒時世尊欲重宣此義而說偈言
世雄不可量 諸天及世人 一切衆生類 无能知佛者
佛力无所畏 解脫諸三昧 及佛諸餘法 无能測量者
本從无數佛 具足行諸道 甚深微妙法 難可難可了
於无量億劫 行此諸道已 道場得成果 我已悉知見

除諸菩薩衆　信力堅固者　諸佛弟子衆　曾供養諸佛
一切漏已盡　住是冣後身　如是諸人等　其力所不堪
假使滿世間　皆如舍利弗　盡思共度量　不能測佛智
正使滿十方　皆如舍利弗　及餘諸弟子　亦滿十方剎
盡思共度量　亦復不能知　辟支佛利智　无漏冣後身
亦滿十方界　其數如竹林　斯等共一心　於億无量劫
欲思佛實智　莫能知少分　新發意菩薩　供養无數佛
了達諸義趣　又能善說法　如稻麻竹葦　充滿十方剎
一心以妙智　於恒河沙劫　咸皆共思量　不能知佛智
不退諸菩薩　其數如恒沙　一心共思求　亦復不能知
又告舍利弗　无漏不思議　甚深微妙法　我今已具得
唯我知是相　十方佛亦然　舍利弗當知　諸佛語无異
於佛所說法　當生大信力　世尊法久後　要當說真實
告諸聲聞衆　及求緣覺乘　我令脫苦縛　逮得涅槃者

於佛所說法　當生大信力　世尊法久後　要當說真實
告諸聲聞衆　及求緣覺乘　我令脫苦縛　逮得涅槃者
佛以方便力　示以三乘教　衆生處處著　引之令得出
尒時大衆中有諸聲聞漏盡阿羅漢阿若憍
陳如等千二百人及發聲聞辟支佛心比丘
比丘尼優婆塞優婆夷各作是念今者世尊
何故慇懃稱歎方便而作是言佛所得法甚
深難解有所言說意趣難知一切聲聞辟支
佛所不能及佛說一解脫義我等亦得此法
到於涅槃而今不知是義所趣尒時舍利弗
知四衆心疑自亦未了而白佛言世尊何因
何緣慇懃稱歎諸佛第一方便甚深微妙難
解之法我自昔來未曾從佛聞如是說今者
四衆咸皆有疑唯願世尊敷演斯事世尊何
故慇懃稱歎甚深微妙難解之法尒時舍利

禪定解脫等　不可思議法　道場所得法　无能發問者
我意難可測　亦无能問者　无問而自說　稱歎所行道
智慧甚微妙　諸佛之所得　无漏諸羅漢　及求涅槃者
今皆墮疑網　佛何故說是　其求緣覺者　比丘比丘尼
諸天龍鬼神　及乾闥婆等　相視懷猶豫　瞻仰兩足尊
是事為云何　願佛為解說　於諸聲聞眾　佛說我第一
我今自於智　疑惑不能了　為是究竟法　為是所行道
佛口所生子　合掌瞻仰待　願出微妙音　時為如實說
諸天龍神等　其數如恒沙　求佛諸菩薩　大數有八万
又諸万億國　轉輪聖王至　合掌以敬心　欲聞具足道
尒時佛告舍利弗止止不須復說若說是事
一切世間諸天及人皆當驚疑舍利弗重白
佛言世尊唯願說之唯願說之所以者何是
會无數百千万億阿僧祇眾生曾見諸佛諸

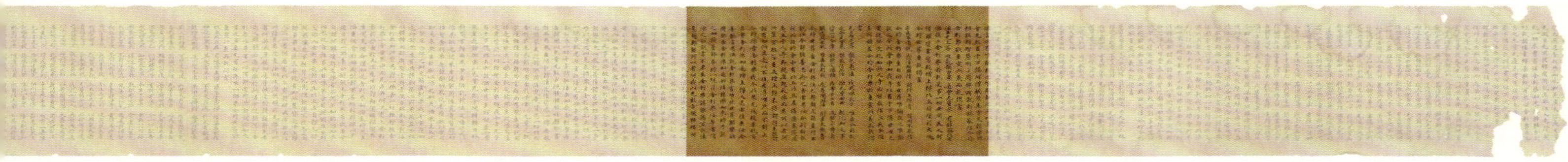

佛言世尊唯願說之唯願說之所以者何是
會无數百千万億阿僧祇衆生曾見諸佛諸
根猛利智慧明了聞佛所說則能敬信尒時
舍利弗欲重宣此義而說偈言
法王无上尊　唯說願勿慮　是會无量衆　有能敬信者
佛復止舍利弗若說是事一切世間天人阿
脩羅皆當驚疑增上慢比丘將墜於大坑
尒時世尊重說偈言
止止不須說　我法妙難信　諸增上慢者　聞必不敬信
尒時舍利弗重白佛言世尊唯願說之唯願
說之今此會中如我等比百千万億世世已
曾從佛受化如此人等必能敬信長夜安隱
多所饒益尒時舍利弗欲重宣此義而說偈
言
无上兩足尊　願說第一法　我為佛長子　唯垂分別說

願為此衆故　唯垂分別說　是等聞此法　則生大歡喜
尒時世尊告舍利弗汝已慇勤三請豈得不
說汝今諦聽善思念之吾當為汝分別解說
說此語時會中有比丘比丘尼優婆塞優婆
夷五千人等即從座起礼佛而退所以者何
此輩罪根深重及增上慢未得謂得未證謂
證有如此失是以不住世尊嘿然而不制止
尒時佛告舍利弗我今此衆无復枝葉純有
貞實舍利弗如是增上慢人退亦佳矣汝今
善聽當為汝說舍利弗言唯然世尊願樂欲
聞佛告舍利弗如是妙法諸佛如來時乃說
之如優曇鉢華時一現耳舍利弗汝等當信
佛之所說言不虛妄舍利弗諸佛隨宜說法
意趣難解所以者何我以无數方便種種因

意趣難解所以者何我以无數方便種種因
緣譬喻言辞演説諸法是法非思量分別之
所能解唯有諸佛乃能知之所以者何諸佛
世尊唯以一大事因緣故出現於世舍利弗
云何名諸佛世尊唯以一大事因緣故出現
於世諸佛世尊欲令衆生開佛知見使得清
淨故出現於世欲示衆生佛知見故出現於
世欲令衆生悟佛知見故出現於世欲令衆
生入佛知見道故出現於世舍利弗是為諸
佛以一大事因緣故出現於世佛告舍利弗
諸佛如來但教化菩薩諸有所作常為一事
唯以佛之知見示悟衆生舍利弗如來但以
一佛乘故為衆生説法无有餘乘若二若三
舍利弗一切十方諸佛法亦如是舍利弗過

是諸衆生從諸佛聞法究竟皆爲一切種智
舍利弗未來諸佛當出於世亦以无量无數
方便種種因緣譬喻言辭而爲衆生演說諸
法是法皆爲一佛乘故是諸衆生從佛聞法
究竟皆得一切種智舍利弗現在十方无量
百千万億佛土中諸佛世尊多所饒益安樂
衆生是諸佛亦以无量无數方便種種因緣
譬喻言辭而爲衆生演說諸法是法皆爲一
佛乘故是諸衆生從佛聞法究竟皆得一切
種智舍利弗是諸佛但教化菩薩欲以佛之
知見示衆生故欲以佛之知見悟衆生故欲
令衆生入佛之知見故舍利弗我今亦復如
是知諸衆生有種種欲深心所著隨其本性
以種種因緣譬喻言辭方便力故而爲說法

以種種因緣譬喻言辭方便力故而為說法
舍利弗如此皆為得一佛乘一切種智故舍
利弗十方世界中尚无二乘何況有三舍利
弗諸佛出於五濁惡世所謂劫濁煩惱濁眾
生濁見濁命濁如是舍利弗劫濁亂時眾生
垢重慳貪嫉妬成就諸不善根故諸佛以方
便力於一佛乘分別說三舍利弗若我弟子
自謂阿羅漢辟支佛者不聞不知諸佛如來
但教化菩薩事此非佛弟子非阿羅漢非辟
支佛又舍利弗是諸比丘比丘尼自謂已得
阿羅漢是最後身究竟涅槃便不復志求阿
耨多羅三藐三菩提當知此輩皆是增上慢
人所以者何若有比丘實得阿羅漢若不信
此法无有是處除佛滅度後現前无佛所以

利弗汝等當一心信解受持佛語諸佛如來
言无虛妄无有餘乘唯一佛乘尒時世尊欲
重宣此義而說偈言
比丘比丘尼　有懷增上慢　優婆塞我慢　優婆夷不信
如是四衆等　其數有五千　不自見其過　於戒有缺漏
護惜其瑕疵　是小智已出　衆中之糟糠　佛威德故去
斯人尠福德　不堪受是法　此衆无枝葉　唯有諸貞實
舍利弗善聽　諸佛所得法　无量方便力　而為衆生說
衆生心所念　種種所行道　若干諸欲性　先世善惡業
佛悉知是已　以諸緣譬喻　言辭方便力　令一切歡喜
或說脩多羅　伽陁及本事　本生未曾有　亦說於因緣
譬喻并祇夜　優波提舍經　鈍根樂小法　貪著於生死
於諸无量佛　不行深妙道　衆苦所惱乱　為是說涅槃
我設是方便　令得入佛慧　未曾說汝等　當得成佛道

BD00539　妙法蓮華經卷一

於諸无量佛　不行深妙道　衆苦所惱亂　為是說涅槃
我設是方便　令得入佛慧　未曾說汝等　當得成佛道
所以未曾說　說時未至故　今正是其時　決定說大乘
我此九部法　隨順衆生說　入大乘為本　以故說大乘
有佛子心淨　柔軟亦利根　无量諸佛所　而行深妙道
為此諸佛子　說是大乘經　我記如是人　來世成佛道
以深心念佛　脩持淨戒故　此等聞得佛　大喜充遍身
佛知彼心行　故為說大乘　聲聞若菩薩　聞我所說法
乃至於一偈　皆成佛无疑　十方佛土中　唯有一乘法
无二亦无三　除佛方便說　但以假名字　引導於衆生
說佛智慧故　諸佛出於世　唯此一事實　除二則非真
終不以小乘　濟度於衆生　佛自住大乘　如其所得法
定慧力莊嚴　以此度衆生　自證无上道　大乘平等法
若以小乘化　乃至於一人　我則墮慳貪　此事為不可
若人信歸佛　如來不欺誑　亦无貪嫉意　斷諸法中惡

欲令一切衆　如我等无異　如我昔所願　今者已滿足
化一切衆生　皆令入佛道　若我遇衆生　盡教以佛道
无智者錯亂　迷惑不受教　我知此衆生　未曾脩善本
堅著於五欲　癡愛故生惱　以諸欲因緣　墜墮三惡道
輪迴六趣中　備受諸苦毒　受胎之微形　世世常增長
薄德少福人　衆苦所逼迫　入邪見稠林　若有若无等
依止此諸見　具足六十二　深著虛妄法　堅信不可捨
我慢自矜高　諂曲心不實　於千万億劫　不聞佛名字
亦不聞正法　如是人難度　是故舍利弗　我以設方便
說諸盡苦道　示之以涅槃　我雖說涅槃　是亦非真滅
諸本從本來　常自寂滅相　佛子行道已　來世得作佛
我有方便力　開示三乘法　一切諸世尊　皆說一乘道
今此諸大衆　皆應除疑惑　諸佛語无異　唯一无二乘
過去无數劫　无量滅度佛　百千万億種　其數不可量

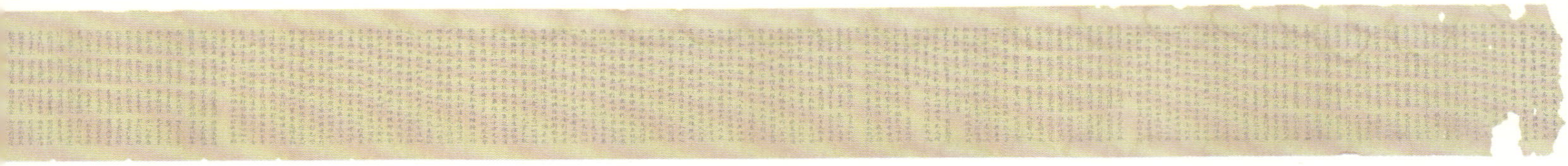

過去无數劫　无量滅度佛　百千万億種　其數不可量
如是諸世尊　種種緣譬喻　无數方便力　演說諸法相
是諸世尊等　皆說一乘法　化无量衆生　令入於佛道
又諸大聖主　知一切世間　天人羣生類　深心之所欲
更以異方便　助顯第一義　若有衆生類　值諸過去佛
若聞法布施　或持戒忍辱　精進禪智等　種種脩福德
如是諸人等　皆已成佛道　諸佛滅度已　若人善軟心
如是諸衆生　皆已成佛道　諸佛滅度已　供養舍利者
起万億種塔　金銀及頗梨　車𤦲與馬瑙　玫瑰瑠璃珠
清淨廣嚴飾　莊校於諸塔　或有起石廟　栴檀及沈水
木蜜并餘材　塼瓦埿土等　若有曠野中　積土成佛廟
乃至童子戲　聚沙為佛塔　如是諸人等　皆已成佛道
若人為佛故　建立諸形像　刻彫成衆相　皆已成佛道
或以七寶成　鍮石赤白銅　白鑞及鉛錫　鐵木及與泥

乃至童子戲　若草木及筆　或以指爪甲　而畫作佛像
如是諸人等　漸漸積功德　具足大悲心　皆已成佛道
但化諸菩薩　度脫无量眾　若人扵塔廟　寶像及畫像
以華香幡蓋　敬心而供養　若使人作樂　擊鼓吹角貝
簫笛琴箜篌　琵琶鐃銅鈸　如是眾妙音　盡持以供養
或以歡喜心　歌唄頌佛德　乃至一小音　皆已成佛道
若人散亂心　乃至以一華　供養扵畫像　漸見无數佛
或有人礼拜　或復但合掌　乃至舉一手　或復小低頭
以此供養像　漸見无量佛　自成无上道　廣度无數眾
入无餘涅槃　如薪盡火滅　若人散亂心　入扵塔廟中
一稱南无佛　皆已成佛道　扵諸過去佛　在世或滅後
若有聞是法　皆已成佛道　未來諸世尊　其數无有量
是諸如來等　亦方便說法　一切諸如來　以无量方便
度脫諸眾生　入佛无漏智　若有聞法者　无一不成佛

度脫諸衆生　入佛无漏智　若有聞法者　无一不成佛
諸佛本誓願　我所行佛道　普欲令衆生　亦同得此道
未來世諸佛　雖說百千億　无數諸法門　其實爲一乘
諸佛兩足尊　知法常无性　佛種從緣起　是故說一乘
是法住法位　世尊相常住　於道場知已　導師方便說
天人所供養　現在十方佛　其數如恒沙　出現於世間
安隱衆生故　亦說如是法　知第一寂滅　以方便力故
雖示種種道　其實爲佛乘　知衆生諸行　深心之所念
過去所習業　欲性精進力　及諸根利鈍　以種種因緣
辟喻亦言辭　隨應方便說　今我亦如是　安隱衆生故
以種種法門　宣示於佛道　我以智慧力　知衆生性欲
方便說諸法　皆令得歡喜　舍利弗當知　我以佛眼觀
見六道衆生　貧窮无福慧　入生死險道　相續苦不斷
深著於五欲　如猫牛愛尾　以貪愛自蔽　盲瞑无所見
不求大勢佛　及與斷苦法　深入諸邪見　以苦欲捨苦

衆生諸根鈍　著樂癡所盲　如斯之等類　云何而可度
尒時諸梵王　及諸天帝釋　護世四天王　及大自在天
并餘諸天衆　眷屬百千万　恭敬合掌礼　請我轉法輪
我即自思惟　若但讚佛乘　衆生没在苦　不能信是法
破法不信故　墜於三惡道　我寧不說法　疾入於涅槃
尋念過去佛　所行方便力　我今所得道　亦應說三乘
作是思惟時　十方佛皆現　梵音慰喻我　善哉釋迦文
第一之道師　得是无上法　隨諸一切佛　而用方便力
我等亦皆得　㝡妙第一法　為諸衆生類　分別說三乘
少智樂小法　不自信作佛　是故以方便　分別說諸果
雖復說三乘　但為教菩薩　舍利弗當知　我聞聖師子
深淨微妙音　喜稱南无佛　復作如是念　我出濁惡世
如諸佛所說　我亦隨順行　思惟是事已　即趣波羅柰
諸法寂滅相　不可以言宣　以方便力故　為五比丘說

如諸佛所說 我亦隨順行 思惟是事已 即趣波羅奈
諸法寂滅相 不可以言宣 以方便力故 為五比丘說
是名轉法輪 便有涅槃音 及以阿羅漢 法僧差別名
從久遠劫來 讚示涅槃法 生死苦永盡 我常如是說
舍利弗當知 我見佛子等 志求佛道者 无量千万億
咸以恭敬心 皆來至佛所 曾從諸佛聞 方便所說法
我即作是念 所以出於世 為說佛慧故 今正是其時
舍利弗當知 鈍根小智人 著相憍慢者 不能信是法
今我喜无畏 於諸菩薩中 正直捨方便 但說无上道
菩薩聞是法 疑網皆已除 千二百羅漢 悉亦當作佛
如三世諸佛 說法之儀式 我今亦如是 說无分別法
諸佛興出世 懸遠值遇難 正使出于世 說是法復難
无量无數劫 聞是法亦難 能聽是法者 斯人亦復難
譬如優曇華 一切皆愛樂 天人所希有 時時乃一出
聞法歡喜讚 乃至發一言 則為已供養 一切三世佛

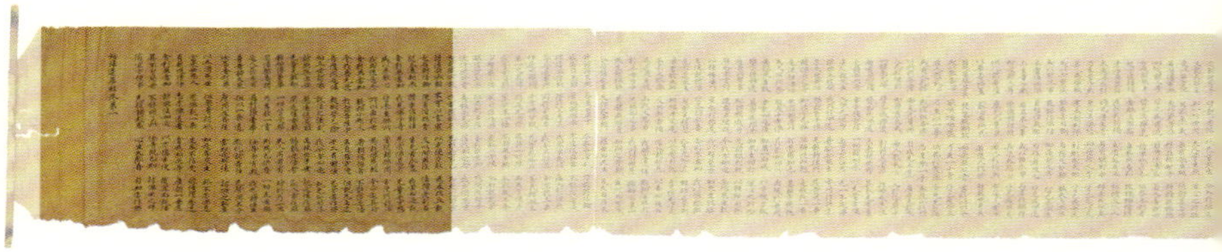

汝等舍利弗　聲聞及菩薩　當知是妙法　諸佛之秘要
以五濁惡世　但樂著諸欲　如是等衆生　終不求佛道
當來世惡人　聞佛說一乘　迷惑不信受　破法墮惡道
有慙愧清淨　志求佛道者　當為如是等　廣讚一乘道
舍利弗當知　諸佛法如是　以万億方便　隨宜而說法
其不習學者　不能曉了此　汝等既已知　諸佛世之師
隨宜方便事　无復諸疑惑　心生大歡喜　自知當作佛

妙法蓮華經卷第一

妙法蓮華經卷第一

BD00540 妙法蓮華經卷五

（後秦）鳩摩羅什 譯

89.2cm × 25.9cm

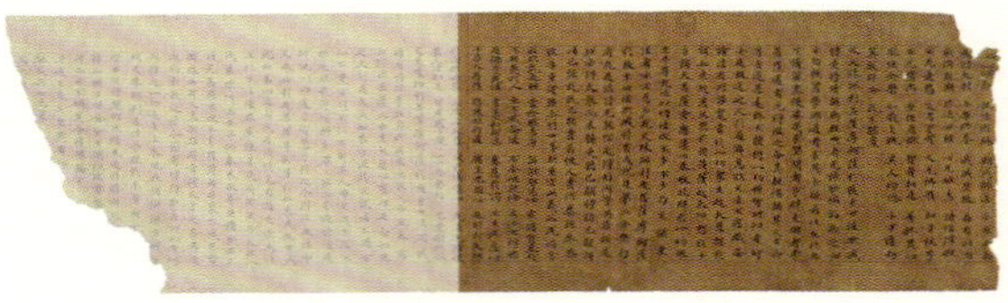

心念　說法因緣　願成佛道　令衆亦尒
是則大利　安樂供養　我滅度後　若有比丘
能演說斯　妙法華經　心无嫉恚　諸惱障礙
亦无憂愁　及罵詈者　又无怖畏　加刀杖等
亦无擯出　安住忍故　智者如是　善修其心
能住安樂　如我上說　其人功德　千万億劫
筭數譬喻　說不能盡
又文殊師利菩薩摩訶薩於後末世法欲滅
時受持讀誦斯經典者无懷嫉妬諂誑之心
亦勿輕罵學佛道者求其長短若比丘比丘
尼優婆塞優婆夷求聲聞者求辟支佛者求
菩薩道者无得惱之令其疑悔語其人言汝
等去道甚遠終不能得一切種智所以者何

諸如來起慈父想於諸菩薩起大師想於十
方諸大菩薩常應深心恭敬礼拜於一切衆
生平等說法以順法故不多不少乃至深愛
法者亦不為多說文殊師利是菩薩摩訶薩
於後末世法欲滅時有成就是第三安樂行
者說是法時无能惱亂得好同學共讀誦是
經亦得大衆而來聽受聽已能持持已能誦
誦已能說說已能書若使人書供養經卷恭
敬尊重讚歎尒時世尊欲重宣此義而說偈言
若欲說是經　當捨嫉恚慢　諂誑邪偽心　常脩質直行
不輕蔑於人　亦不戲論法　不令他疑悔　云汝不得佛
是佛子說法　常柔和能忍　慈悲於一切　不生懈怠心
十方大菩薩　愍衆故行道　應生恭敬心　是則我大師

十方大菩薩　愍衆故行道　應生恭敬心　是則我大師
於諸佛世尊　生无上父想　破於憍慢心　說法无障礙
第三法如是　智者應守護　一心安樂行　无量衆所敬
又文殊師利菩薩摩訶薩於後末世法欲滅
時有持法華經者於在家出家人中生大慈
心於非菩薩人中生大悲心應作是念如是
之人則為大失如來方便隨宜說法不聞不
知不覺不問不信不解其人雖不問不信不
解是經我得阿耨多羅三藐三菩提時隨在
何地以神通力智慧力引之令得住是法中
文殊師利是菩薩摩訶薩於如來滅後有成
就此第四法者說是法時无有過失常為比
丘比丘尼優婆塞優婆夷國王王子大臣人

閑林中有人来欲難問者諸天晝夜常為法
故而衛護之能令聽者皆得歡喜所以者何
此經是一切過去未来現在諸佛神力所護
故文殊師利是法華經於无量國中
字不可得聞何况得見受持讀誦文
譬如强力轉輪聖王欲以威勢降
諸小王不順其命時轉輪王
討伐王見兵衆戰有功
賜或與田宅聚
或與

BD00541 大般若波羅蜜多經卷四五三

（唐）玄奘 譯

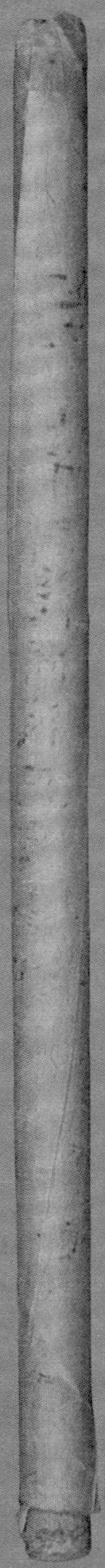

46.9cm × 27.1cm

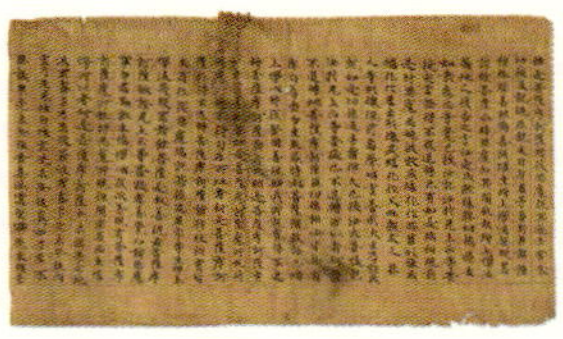

輕是菩薩摩訶薩聞彼惡魔說其過去當來
功德及說現在親友自身名等差別兼諸種
種殊勝善根歡喜踊躍生增上憍淩蔑毀罵
諸餘菩薩尒時惡魔知其闇鈍起增上憍淩
蔑他人復告之言汝定成就殊勝功德過去
如來應正等覺已授汝記汝於无上正等菩
提定當證得不復退轉已有如是瑞相現前
是時惡魔爲嬈彼故或矯化作苾芻形像或
矯化作居士形像或矯化作父母親友人非
人等形像現前高聲唱言善哉大士乃能成
就如是功德過去諸佛久已授汝大菩提記
汝於无上正等菩提已不退轉所以者何諸
不退轉地菩薩摩訶薩勝功德相汝皆具有

轉菩薩摩訶薩諸行狀相是菩薩摩訶薩實
皆非有善現當知是菩薩摩訶薩魔所執持
為魔所嬈不得自在所以者何是菩薩摩訶
薩於得不退轉菩薩摩訶薩諸行狀相實皆
未有但聞惡魔矯説甚德及名字等生增上
慢淩蔑毀罵諸餘菩薩是故善現若菩薩摩
訶薩欲證无上正等菩提應善覺知諸惡魔
事勿為欺誑生憍慢心復次善現有菩薩摩
訶薩魔所執持為魔所嬈但聞虛名而生憍
慢所以者何是菩薩摩訶薩先未脩學布施
波羅蜜多乃至般若波羅蜜多先未安住内
空乃至无性自性空先未安住真如乃至不
思議界先未安住苦集滅道聖諦先未脩學

BD00542 維摩詰所説經卷中

（後秦）鳩摩羅什 譯

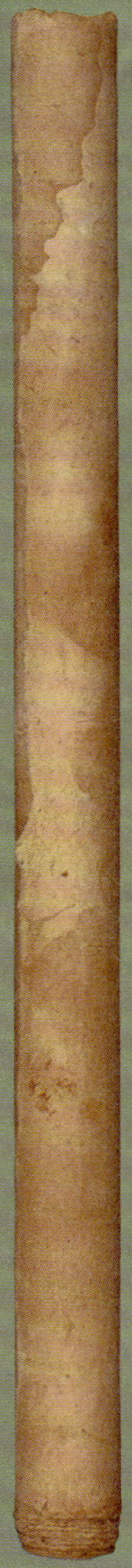

92cm × 26cm

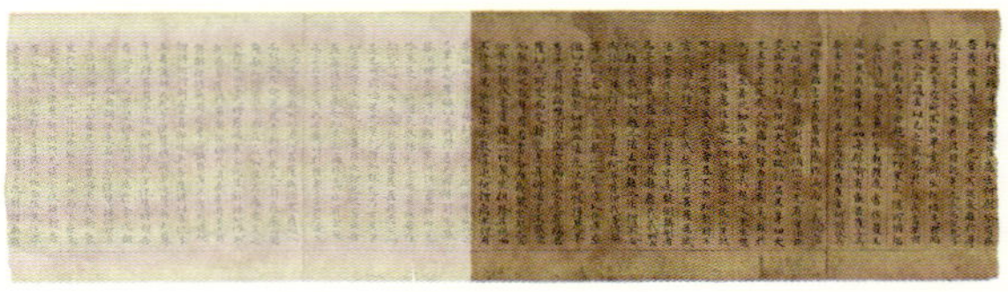

師利問維摩詰言菩薩應云何慰喻有疾
菩薩維摩詰言説身无常不説厭離於身
説身有苦不説樂於涅槃説身无我而説教導
衆生説身空寂不説畢竟寂滅説悔先罪而
不説入於過去以己之疾愍於彼疾當識宿
世无數劫苦當念饒益一切衆生憶所脩福
念於淨命勿生憂惱常起精進當作醫王
療治衆病菩薩應如是慰喻有疾菩薩令其
歡喜文殊師利言居士有疾菩薩云何調伏其
心維摩詰言有疾菩薩應作是念今我此病
皆從前世妄想顛倒諸煩惱生无有實法誰
受病者所以者何四大合故假名為身四大
无主身亦无我又此病起皆由著我是故於

唯法起滅唯法滅又此法者各不相知起時不
言我起滅時不言我滅彼有疾菩薩為滅
法想當作是念此法想者亦是顛倒顛倒者
即是大患我應離之云何為離離我我所云
何離我我所謂離二法云何離二法謂不念
内外諸法行於平等云何平等謂我等涅槃
等所以者何我及涅槃此二皆空以何為空
但以名字故空如此二法无決定性得是平
等无有餘病唯有空病空病亦空是有病菩
薩以无所受而受諸受未具佛法亦不滅受
而取證也設身有苦當念惡趣衆生起大悲
心我既調伏亦當調伏一切衆生但除其病而
不除法為斷病本而教導之何謂病本謂有

不除法爲斷病本而教導之何謂病本謂有
攀緣從有攀緣則有病本何所攀緣謂之
三界云何斷攀緣以无所得若无所得則无攀
緣何謂无所得謂離二見何謂二見謂内見
外見是无所得文殊師利是爲有疾菩薩
調伏其心爲斷老病死苦是菩薩菩提若不如
是已所脩治爲无慧利譬如勝怨乃可爲勇
如是兼除老病死者菩薩之謂也彼有疾菩
薩應復作是念如我此病非真非有衆生
病亦非真非有作是觀時於諸衆生若起愛見
大悲即應捨離所以者何菩薩斷除客塵煩惱
而起大悲愛見悲者則於生死有疲厭心若
能離此无有疲厭在在所生不爲愛見之

能解彼縛斯有是處是故菩薩不應起縛何
謂縛何謂解貪著禪味是菩薩縛以方便生
是菩薩解又无方便慧縛有方便慧解无慧
方便縛有慧方便解何謂无方便慧縛　謂菩
薩以愛見心莊嚴佛土成就衆生於空无相
无作法中而自調伏是名无方便慧縛何謂有
方便慧解謂不以愛見心莊嚴佛土成就衆
生於空无相无作法中以自調伏而不疲厭
是名有方便慧解何謂无慧方便縛　謂菩
薩住貪欲瞋恚邪見等諸煩惱而殖衆德本
是名无慧方便縛何謂有慧方便解　謂離諸

BD00543

金剛般若波羅蜜經

（後秦）鳩摩羅什 譯

195.7cm × 27cm

尒時、
食於其坊日
飯食訖收衣鉢洗足
已敷座而坐　時長老須菩提在大衆中
即從座起偏袒右肩右膝着地合掌恭
敬而白佛言希有世尊如来善護念諸
菩薩善付囑諸菩薩世尊善男子善女
　三菩提心應云何住
云何降伏其心佛言善哉善哉須菩提如汝
所説如来善護念諸菩薩善付囑諸菩薩
汝今諦聽

伏其心唯然世尊願樂欲聞　佛告須菩提
諸菩薩摩訶薩應如是降伏其心所有一
切衆生之類若卵生若胎生若濕生若化生
若有色若無色若有想若無想若非有想
若非無想我皆入無餘涅槃而滅度之如是
滅度無量無數無邊衆生實無衆生得滅
度者何以故須菩提若菩薩有我相人相
衆生相壽者相即非菩薩
復次須菩提菩薩於法應無所住行於布施
所謂不住色布施不住聲香味觸法布施
須菩提菩薩應如是布施不住於相何以故
若菩薩不住相布施其福德不可思量須

若菩薩不住相布施其福德不可思量須
菩提於意云何東方虛空可思量不不也
世尊須菩提南西北方四維上下虛空可思
量不不也世尊須菩提菩薩無住相布施福
德亦復如是不可思量須菩提菩薩但應如
所教住須菩提於意云何可以身相見如來不
不也世尊不可以身相得見如來何以故如來
所說身相即非身相佛告須菩提凡所有相
皆是虛妄若見諸相非相則見如來須菩提
白佛言世尊頗有衆生得聞如是言說章
句生實信不佛告須菩提莫作是說如來
滅後後五百歲有持戒修福者於此章句能

五佛而種善根已於無量千萬佛所種諸善
根聞是章句乃至一念生淨信者須菩提如
来悉知悉見是諸衆生無復我相人相衆生
相壽者相無法相亦無非法相何以故是諸衆
生若心取相則為着我人衆生壽者若取法
相即着我人衆生壽者何以故若取非法相
即着我人衆生壽者是故不應取法不應
取非法以是義故如来常說汝等比丘知我說
法如筏喻者尚應捨何況非法
須菩提於意云何如来得阿耨多羅三藐三
菩提耶如来有所說法耶須菩提言如我解佛
所說義無有定法名阿耨多羅三藐三菩提亦
無有定法如来可說何以故如来所說法皆不

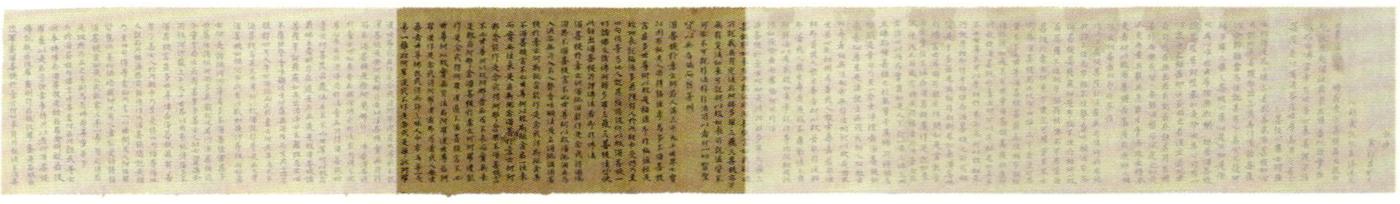

菩提耶如來有所說法耶須菩提言如我解佛
所說義無有定法名阿耨多羅三藐三菩提亦
無有定法如來可說何以故如來所說法皆不
可取不可說非法非非法所以者何一切賢聖
皆以無為法而有差別
須菩提於意云何若人滿三千大千世界七寶
以用布施是人所得福德寧為多不須菩提
言甚多世尊何以故是福德即非福德性是
故如來說福德多若復有人於此經中受持乃至
四句偈等為他人說其福勝彼何以故須菩提一
切諸佛及諸佛阿耨多羅三藐三菩提法皆從
此經出須菩提所謂佛法者即非佛法

入流而無所入不入聲香味觸法是名須陀洹須菩
提於意云何斯陀含能作是念我得斯陀含果
不須菩提言不也世尊何以故斯陀含名一往来
而實無往来是名斯陀含須菩提於意云何阿
那含能作是念我得阿那含果不須菩提言
不也世尊何以故阿那含名為不来而實無来
是故名阿那含須菩提於意云何阿羅漢能
作是念我得阿羅漢道不須菩提言不也
世尊何以故實無有法名阿羅漢世尊若阿
羅漢作是念我得阿羅漢道即為著我人衆生
壽者世尊佛說我得無諍三昧人中最為第一是
第一離欲阿羅漢我不作是念我是離欲阿羅

壽者世尊佛説我得無諍三昧人中最爲第一是
弟一離欲阿羅漢我不作是念我是離欲阿羅
漢世尊我若作是念我得阿羅漢道世尊則不説
須菩提是樂阿蘭那行者以須菩提實無所行
而名須菩提是樂阿蘭那行　佛告須菩提
於意云何如來昔在燃燈佛所於法有所得不世
尊如來在然燈佛所於法實無所得須菩提於
意云何菩薩莊嚴佛土不不也世尊何以故莊
嚴佛土者則非莊嚴是名莊嚴是故須菩提諸
菩薩摩訶薩應如是生清淨心不應住色生心
不應住聲香味觸法生心應無所住而生其心須菩
提辟如有人身如須弥山王於意云何是身爲大不

云何是諸恒河沙寧為多不須菩提言甚多
世尊但諸恒河尚多無數何况其沙須菩提我
今實言告汝若有善男子善女人以七寶滿尒
所恒河沙數三千大千世界以用布施得福多不
須菩提言甚多世尊佛告須菩提若有善
男子善女人於此經中乃至受持四句偈等為他
人說而此福德勝前福德復次須菩提隨說是經
乃至四句偈等當知此處一切世間天人阿脩羅
皆應供養如佛塔廟何况有人盡能受持讀誦
須菩提當知是人成就最上第一希有之法若
是經典所在之處則為有佛若尊重弟子

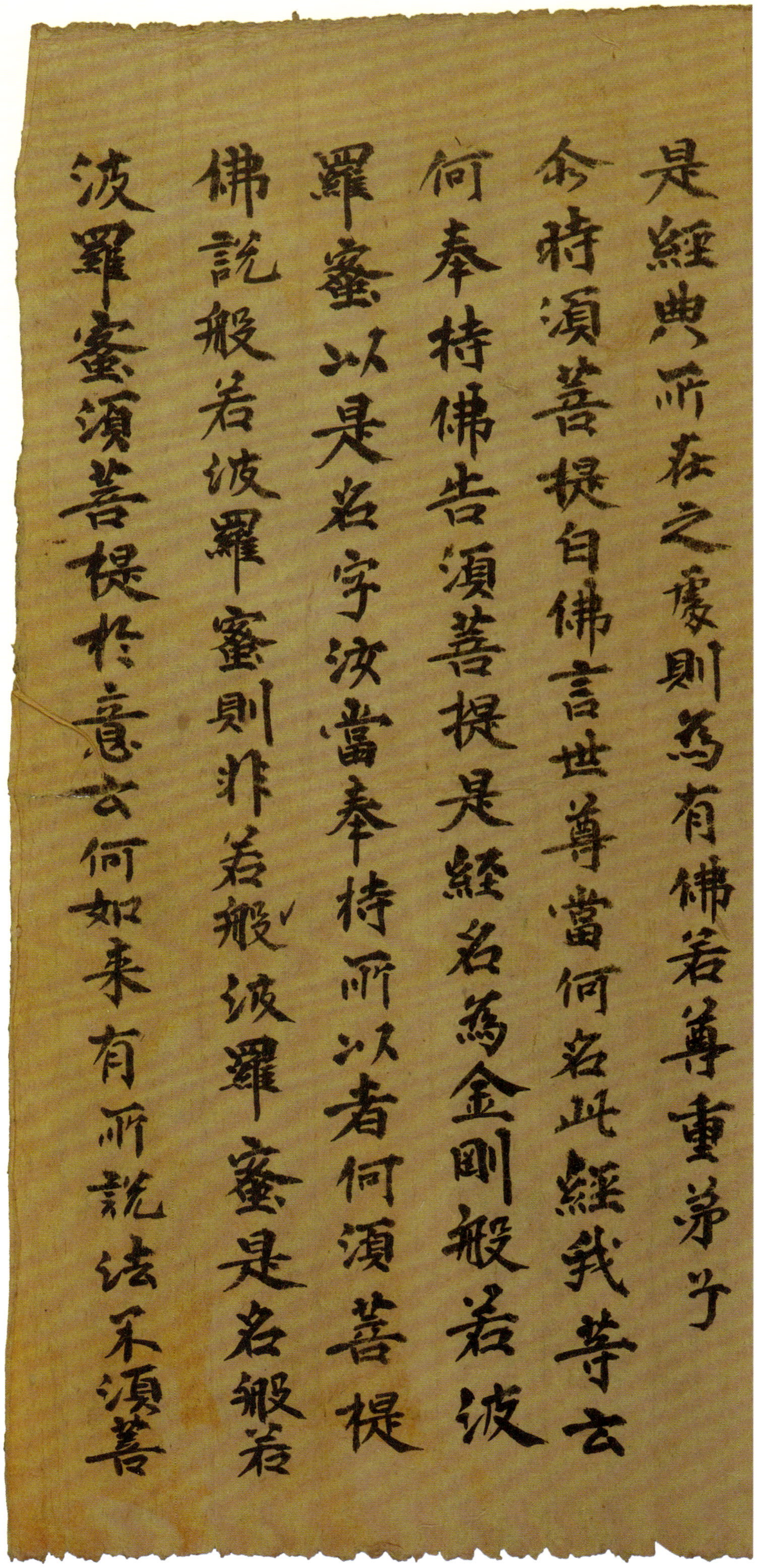

是經典所在之處則為有佛若尊重弟子
尒時須菩提白佛言世尊當何名此經我等云
何奉持佛告須菩提是經名為金剛般若波
羅蜜以是名字汝當奉持所以者何須菩提
佛說般若波羅蜜則非若般波羅蜜是名般若
波羅蜜須菩提於意云何如來有所說法不須菩

BD00544

大般涅槃經卷一

（北凉）曇無讖 譯

251cm × 25.6cm

猶如塵

葦伊蘭水沫芭蕉之樹是身无常念念不住
猶如電光暴水幻炎亦如畫水隨畫隨合是
身易壞猶如河岸臨峻大樹是身不久當為
狐狼鵄梟鵰鷲烏鵲餓狗之所食噉誰有智
者當樂此身寧以牛跡盛大海水不能具說
是身无常不淨臭穢寧丸大地使如棗等漸
漸轉小猶葶藶子乃至微塵不能具說是身
過患是故當捨如棄涕唾以是因緣諸優婆
塞以空无相无願之法常修其心深樂諮受
大乘經典聞已亦能為他演說護持本願毀
呰女身甚可患厭性不堅牢心常修集如是
正觀破壞生死无際輪轉渴仰大乘既自充

未度者解未解者紹三寶種使不斷絶於未
來世當轉法輪以大莊嚴而自莊嚴堅持禁
戒皆悉成就如是功德於諸衆生生大悲心
平等无二如視一子亦於晨朝日初出時各
相謂言今日宜應至雙樹間諸優婆塞所設
供具倍勝於前持至佛所稽首佛足遶百千
匝而白佛言世尊我等今者為佛及僧辦諸
供具唯願如來哀受我供如來默然而不許
可諸優婆塞不果所願心懷惆悵却住一面
尒時復有四恒河沙毗耶離城諸離車等男
女大小妻子眷屬及閻浮提諸王眷屬為求
法故善修戒行威儀具足摧伏異學壞正法
者常相謂言我等當以金銀倉庫為令甘露

者常相謂言我等當以金銀倉庫為令甘露
无盡正法深奧之藏久住於世願令我等常
得修學若有誹謗佛正法者當斷其舌復作
是願若有出家毀禁戒者我當羅令還俗策
使有能深樂讃持正法我當敬重如事父母
若有衆僧能修正法我當隨喜令得勢力常
欲樂聞大乘經典聞已亦能為人廣說皆悉
成就如是功德其名曰淨无垢藏離車子淨
不放逸離車子恒水无垢淨德離車子如是
等各相謂言仁等今可速往佛所所辦供養
種種具足一一離車各嚴八万四千大象八
万四千四馬寶車八万四千明月寶珠天木
栴檀沉水薪束種種各有八万四千一一象

旬持如是等供養之具往至佛所稽首佛足
遶百千匝而白佛言世尊我等今者為佛及
僧辦諸供具唯願如來哀受我供如來默然
而不許可諸離車等不果所願心懷愁惱以
佛神力去地七多羅樹於虛空中默然而住
尒時復有五恒河沙大臣長者敬重大乘若
有異學謗正法者是諸人等力能摧伏猶如
雹雨摧折草木其名曰日光長者護世長者
護法長者如是之等而為上首所設供具五倍
於前俱共往詣娑羅雙樹間稽首佛足遶百
千匝而白佛言世尊我等今者為佛及僧設
諸供具唯願哀愍受我等供如來默然而不
受之諸長者等不果所願心懷愁惱以佛神

受之諸長者等不果所願心懷愁惱以佛神
力去地七多羅樹於虛空中默然而住
尒時復有毗耶離王及其後宮夫人眷屬閻
浮提内所有諸王除阿闍世并及城邑聚落
人民其名曰月无垢王等各嚴四兵欲往佛
所是一一王各有一百八十万億人民眷屬
是諸車兵駕以爲馬爲有六牙馬疾如風莊
嚴供具六倍於前寶蓋之中有橵小者周迊
縱廣滿八由旬幡橵短者十六由旬寶幢卑
者三十六由旬是諸王等皆悉安住於正法中
惡賤邪法敬重大乘深樂大乘憐愍衆生等
如一子所持飲食香氣流布滿四由旬亦於
晨朝日初出時持是種種上妙甘饍詣雙樹
間至如來所而白佛言世尊我等爲佛及比

心懷愁惱却住一面
尒時復有七恒河沙諸王夫人唯除阿闍世
王夫人為度衆生現受女身常觀身行以空
无相无願之法薰脩其心其名曰三界妙夫
人愛德夫人如是等諸王夫人皆悉安住於
正法中脩行禁戒威儀具足憐愍衆生等如
一子各相謂言今宜速往詣世尊所諸王夫
人所設供養七倍於前香華寶幢繒綵幡蓋
上妙飲食寶蓋小者周迊縱廣十六由旬幡
最短者三十六由旬寶幢卑者六十八由旬
飲食香氣周遍流布滿八由旬持如是等供
養之具往如來所稽首佛足遶百千迊而白
佛言世尊我等為佛及比丘僧設是供具唯
願如來哀愍受我最後供養如來知時默然

佛言世尊我等為佛及比丘僧設是供具唯
願如来哀愍受我最後供養如来知時默然
不受時諸夫人不果所願心懷愁惱自拔頭
髮推胷大哭猶如新喪所愛之子却在一面
默然而住
尒時復有八恒河沙諸天女等其名曰廣目
天女而為上首作如是言汝等諸姊諦觀諦觀
是諸大衆所設種種上妙供具欲供如来及
比丘僧我等亦當如是嚴設微妙供具供養
如来如来受已當入涅槃諸姊諸佛如来出
世甚難最後供養亦復倍難若佛涅槃世間
空虛是諸天女受樂大乘欲聞大乘聞已亦
能為人廣說渴仰大乘既自充足復能充足

隨順一切世間度未度者脫未脫者於未來
世當轉法輪紹三寶種使不斷絕修學大乘
以大莊嚴而自莊嚴成就如是无量功德等
慈衆生如視一子亦於晨朝日初出時各
取種種天木香等倍於人間所有香木其木
香氣能滅人中種種臭穢白車白蓋駕四白
馬一一車上皆張白帳其帳四邊懸諸金鈴
種種香華寶幢幡蓋上妙甘饍種種妓樂敷
師子座其座四足純紺琉璃於其座後各各
皆有七寶倚牀一一座前復有金机復以七
寶而為燈樹種種寶珠以為燈明散妙天華
遍布其地是諸天女設是供已心懷哀感涕
淚交流生大苦惱亦為利益安樂衆生成就
大乘第一空行顯發如來方便密教亦為不

淚交流生大苦惱亦爲利益安樂衆生成就
大乘第一空行顯發如來方便密教亦爲不
斷種種說法往詣佛所稽首佛足遶百千匝
而白佛言世尊唯願如來哀受我等最後供
養如來知時默然不受諸天女等不果所願
心懷愁惱却在一面默然而住
尒時復有九恒河沙諸龍王等住於四方其
名曰和脩吉龍王難陁龍王婆難陁龍王而
爲上首是諸龍王亦於晨朝日初出時設諸
供具倍於人天持至佛所稽首佛足遶百千
匝而白佛言唯願如來哀受我等最後供養
如來知時默然不受是諸龍王不果所願心
懷愁惱却住一面

設供具倍於諸龍持詣佛所稽首佛足遶百
千迊而白佛言唯願如來哀受我等最後供
養如來知時默然不許是諸鬼神王不果所
願心懷愁惱却住一面
尒時復有二十恒河沙金翅鳥王降怨鳥王
而為上首復有三十恒河沙乾闥婆王那羅
延王而為上首復有四十恒河沙緊那羅王
善見王而為上首復有五十恒河沙摩睺羅
伽王大善見王而為上首復有六十恒河沙
阿脩羅王睒婆利王而為上首復有七十恒
河沙陁那婆王无垢河水王跋提達多王等
而為上首復有八十恒河沙羅剎王可畏
王而為上首捨離惡心更不食人於怨憎中
生慈悲心其形醜陋以佛神力皆悉端正復

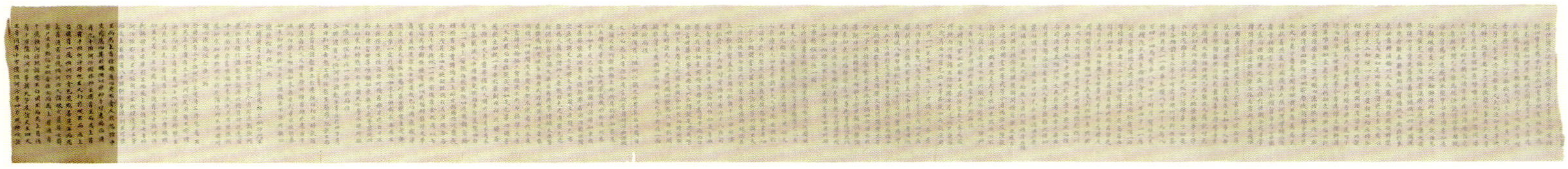

王而為上首捨離惡心更不食人於怨憎中
生慈悲心其形醜陋以佛神力皆悉端正復
有九十恒河沙樹林神王藥香王而為上首
復有千恒河沙持呪王大幻持呪王而為上
首復有一億恒河沙貪色鬼魅善見王而為
上首復有百億恒河沙天諸婇女藍婆女欝
婆尸女帝路沾女毗舍佉女而為上首復有
千億恒河沙地諸鬼王白濕王而為上首復
有十万億恒河沙等諸天子及諸天王四天
王等復有廿万億恒河沙等四方風神吹諸

BD00545 金光明最勝王經卷九

（唐）義净 譯

87.2cm × 25.5cm

於斯大地下
於此贍部洲　田疇諸果藥
由此經威力　日月所照處　星辰不失度　風雨皆順時
遍此贍部洲　國土咸豐樂　隨有此經處　殊勝倍餘方
若此金光明　經典流布處　有能講誦者　悉得如上福
尒時大吉祥天女及諸天等聞佛所說皆大
歡喜於此經王及受持者一心擁護令無
憂惱常得安樂

金光明最勝王經授記品第廿三

尒時如來於大衆中廣說法已欲為妙幢菩
薩及其二子銀幢銀光授阿耨多羅三藐三
菩提記時有十千天子最勝光明而為上首
俱從三十三天來至佛所頂礼佛足却坐一
面聽佛說法尒時佛告妙幢菩薩言汝於來

寶山王如來應正遍知明行足善逝世間解
無上士調御丈夫天人師佛世尊出現於世
時此如來般涅槃後所有教法亦皆滅盡時
彼長子名曰銀幢即於此界次補佛處世
界尒時轉名淨幢當得作佛名曰金幢光如
來應正遍知明行足善逝世間解無上士調御
丈夫天人師佛世尊時此如來般涅槃後所有
教法亦皆滅盡次子銀光即補佛處還於此
界當得作佛号曰金光明如來應正遍知明
行足善逝世間解无上士調御丈夫天人師
佛世尊是時十千天子聞三大士得授記已
復聞如是最勝王經心生歡喜清淨无垢猶
如虛空尒時如來知是十千人天子善根成熟
即便與授大菩提記汝等天子於當來世過

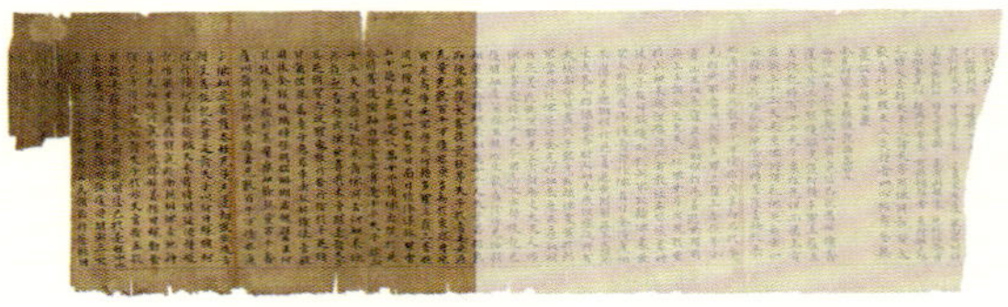

即便與授大菩提記汝等天子於當来世過
无量无數百千万億那庾多劫於㝡勝因陁
羅尼高幢世界得成阿耨多羅三藐三菩提
同一種姓又同一名号曰面目清淨優鉢羅香
山十号具足如是次第十千諸佛出現於世
尒時菩提樹神白佛言世尊是十千天子從三
十三天為聽法故来詣佛所云何如来便
與授記當得成佛世尊我未曾聞是諸天子
具足脩習六波羅蜜難行苦行捨於手足頭
目髓惱眷屬妻子象馬車乘奴婢僕使宮殿
園林金銀琉璃硨磲碼碯珊瑚虎珀璧玉珂
貝飲食衣服臥具醫藥如餘無量百千菩
薩以諸供具供養過去无數百千万億那庾
多佛如是菩薩各經无量无邊劫數然後方

[illegible]
記唯願世尊爲我解說斷除疑網佛告地神
善女天如汝所說皆從勝妙善根因緣勤苦
脩已方得授記此諸天子於妙天宮捨五欲
樂故來聽是金光明經既聞法已於是經中心
生慇重如淨琉璃無諸瑕穢復得聞此三大
菩薩授記之事亦由過去久脩正行誓願因
緣是故我今皆
耨多羅三藐三菩
歡喜信受
[illegible]

BD00546 大般若波羅蜜多經卷八八

（唐）玄奘 譯

BD00546v 大般若波羅蜜多經卷八八外題

159.2cm × 25.5cm

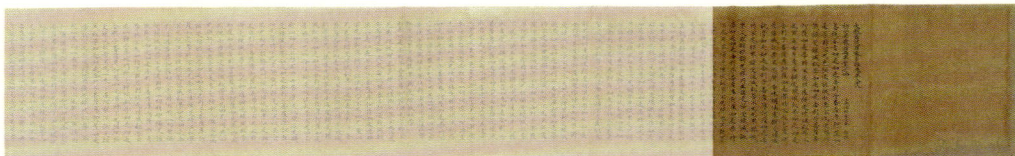

大般若波羅蜜多經卷第八十八

初分學般若品第廿六之四　三藏法師玄奘奉　詔譯

善現答言如是如是舍利子菩薩摩訶薩如
是學時不爲色攝受壞滅故學不爲受想行
識攝受壞滅故學如是如是舍利子菩薩摩
訶薩如是學時不爲眼處攝受壞滅故學不
爲耳鼻舌身意處攝受壞滅故學如是如是
舍利子菩薩摩訶薩如是學時不爲色處攝
受壞滅故學不爲聲香味觸法處攝受壞滅
故學如是如是舍利子菩薩摩訶薩如是學
時不爲眼界攝受壞滅故學不爲色界眼識
界及眼觸眼觸爲緣所生諸受攝受壞滅故
學如是如是舍利子菩薩摩訶薩如是學時
不爲耳界攝受壞滅故學不爲聲界耳識界
及耳觸耳觸爲緣所生諸受攝受壞滅故

BD00546　大般若波羅蜜多經卷八八

不爲耳界攝受壞滅故學不爲聲界耳識界
及耳觸耳觸爲緣所生諸受攝受壞滅故學
如是如是舍利子菩薩摩訶薩如是學時不
爲鼻界攝受壞滅故學不爲香界鼻識界及
鼻觸鼻觸爲緣所生諸受攝受壞滅故學如
是如是舍利子菩薩摩訶薩如是學時不爲
舌界攝受壞滅故學不爲味界舌識界及舌
觸舌觸爲緣所生諸受攝受壞滅故學如是
如是舍利子菩薩摩訶薩如是學時不爲身
界攝受壞滅故學不爲觸界身識界及身觸
身觸爲緣所生諸受攝受壞滅故學如是如
是舍利子菩薩摩訶薩如是學時不爲意界
攝受壞滅故學不爲法界意識界及意觸意

受壞滅故學不爲水火風空識界攝受壞滅
故學如是如是舍利子菩薩摩訶薩如是學
時不爲苦聖諦攝受壞滅故學不爲集滅道
聖諦攝受壞滅故學如是如是舍利子菩薩
摩訶薩如是學時不爲无明攝受壞滅故學
不爲行識名色六處觸受愛取有生老死愁
歎苦憂惱攝受壞滅故學如是如是舍利子
菩薩摩訶薩如是學時不爲内空攝受壞滅
故學不爲外空内外空空空大空勝義空有
爲空无爲空畢竟空无際空散空无變異空
本性空自相空共相空一切法空不可得空
无性空自性空无性自性空攝受壞滅故學
如是如是舍利子菩薩摩訶薩如是學時不
爲真如攝受壞滅故學不爲法界法性不虛

如是如是舍利子菩薩摩訶薩如是學時不
爲真如攝受壞滅故學不爲法界法性不虛
妄性不變異性平等性離生性法定法住實
際虛空界不思議界攝受壞滅故學
如是如是舍利子菩薩摩訶薩如是學時不
爲布施波羅蜜多攝受壞滅故學不爲淨戒
安忍精進靜慮般若波羅蜜多攝受壞滅故
學如是如是舍利子菩薩摩訶薩如是學時
不爲四靜慮攝受壞滅故學不爲四无量四
无色定攝受壞滅故學如是如是舍利子菩
薩摩訶薩如是學時不爲八解脱攝受壞滅
故學不爲八勝處九次第定十遍處攝受壞
滅故學如是如是舍利子菩薩摩訶薩如是
學時不爲四念住攝受壞滅故學不爲四正

受壞滅故學如是如是舍利子菩薩摩訶薩
如是學時不為空解脫門攝受壞滅故學不
為无相无願解脫門攝受壞滅故學如是如
是舍利子菩薩摩訶薩如是學時不為五眼
攝受壞滅故學不為六神通攝受壞滅故學
如是如是舍利子菩薩摩訶薩如是學時不
為佛十力攝受壞滅故學不為四无所畏四
无礙解大慈大悲大喜大捨十八佛不共法
攝受壞滅故學如是如是舍利子菩薩摩訶
薩如是學時不為无忘失法攝受壞滅故學
不為恒住捨性攝受壞滅故學如是如是舍
利子菩薩摩訶薩如是學時不為一切智攝
受壞滅故學不為道相智一切相智攝受壞
滅故學如是如是舍利子菩薩摩訶薩如是
學時不為一切陁羅尼門攝受壞滅故學不

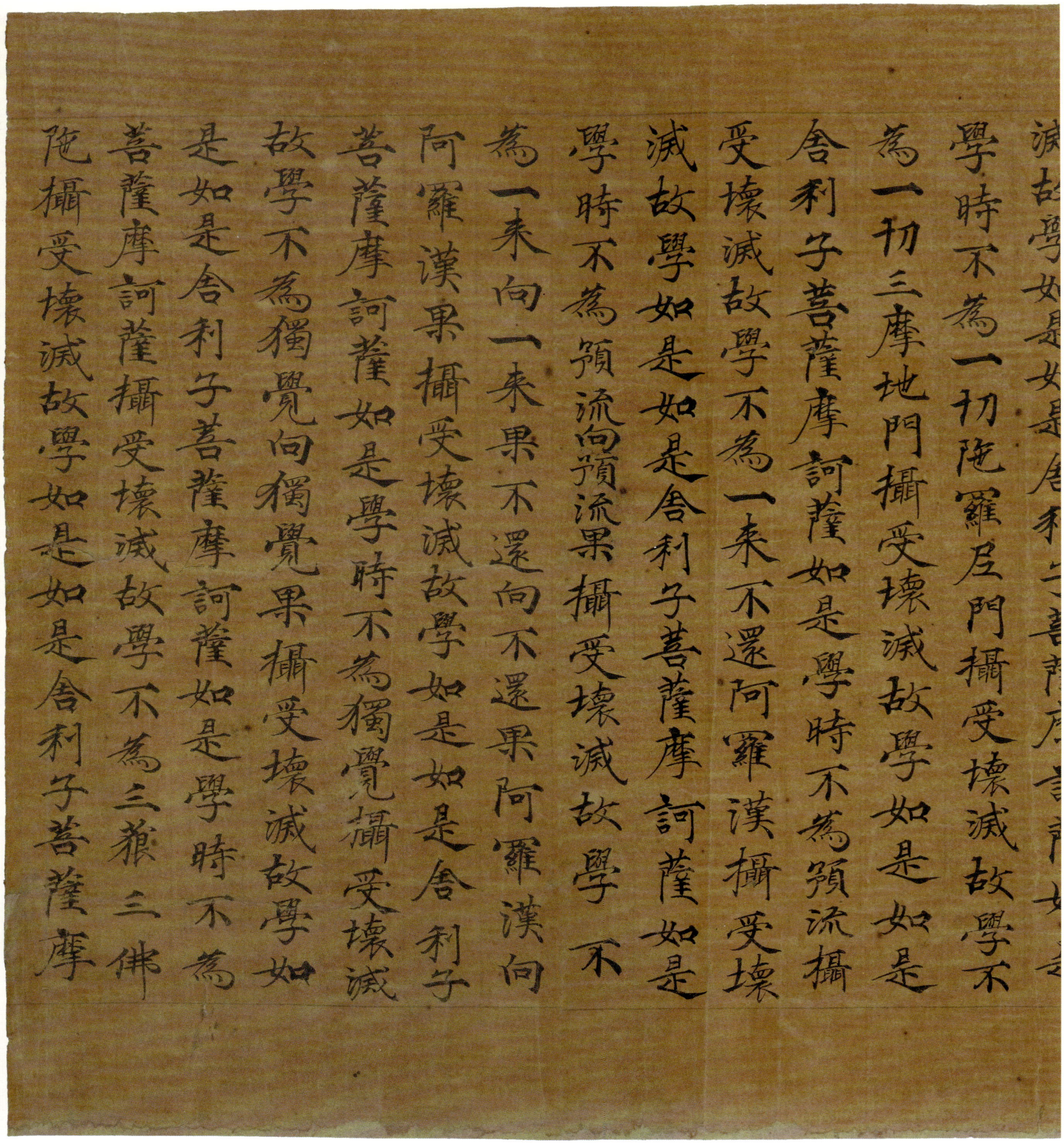

滅故學如是如是舍利子菩薩摩訶薩如是
學時不為一切陀羅尼門攝受壞滅故學不
為一切三摩地門攝受壞滅故學如是如是
舍利子菩薩摩訶薩如是學時不為預流攝
受壞滅故學不為一來不還阿羅漢攝受壞
滅故學如是如是舍利子菩薩摩訶薩如是
學時不為預流向預流果攝受壞滅故學不
為一來向一來果不還向不還果阿羅漢向
阿羅漢果攝受壞滅故學如是如是舍利子
菩薩摩訶薩如是學時不為獨覺攝受壞滅
故學不為獨覺向獨覺果攝受壞滅故學如
是如是舍利子菩薩摩訶薩如是學時不為
菩薩摩訶薩攝受壞滅故學不為三藐三佛
陀攝受壞滅故學如是如是舍利子菩薩摩

BD00546v　大般若波羅蜜多經卷八八外題

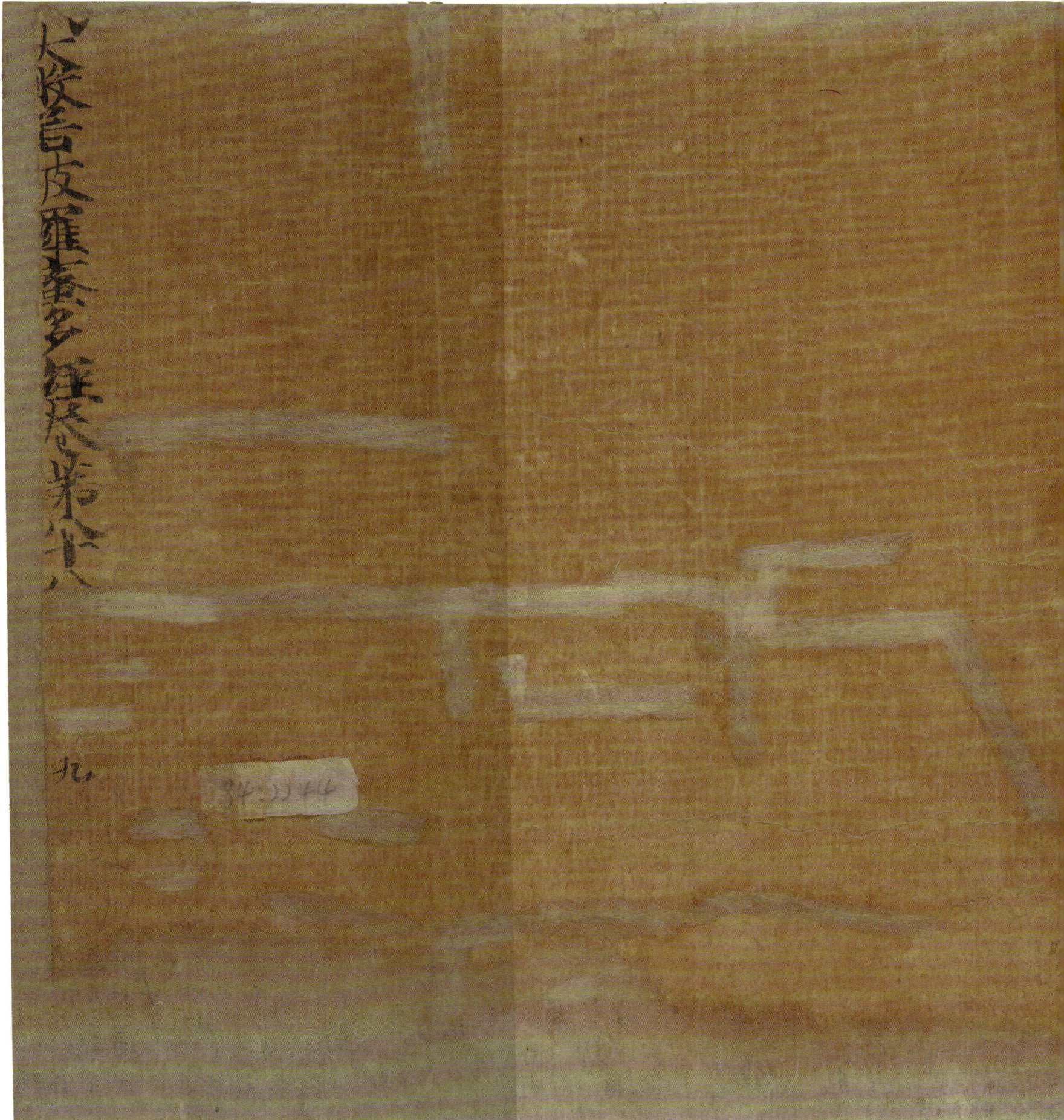

圖書在版編目（CIP）數據

中國國家圖書館藏敦煌文獻. 第三八册 / 中國國家圖書館編. —北京：國家圖書館出版社，2024.12

ISBN 978-7-5013-7961-3

Ⅰ. ①中… Ⅱ. ①中… Ⅲ. ①敦煌學－文獻 Ⅳ. ①K870.6

中國國家版本館 CIP 數據核字（2024）第 036587 號

書　　名　中國國家圖書館藏敦煌文獻・第三八册
著　　者　中國國家圖書館　編
項目統籌　魏　崇　殷夢霞
責任編輯　程魯潔　潘　竹　黄　鑫　苗文葉
責任校對　王　哲

出版發行　國家圖書館出版社（北京市西城區文津街 7 號　100034）
（原書目文獻出版社　北京圖書館出版社）
010-66114536　63802249　nlcpress@nlc.cn（郵購）
網　　址　http://www. nlcpress. com
排版印裝　天津裕同印刷有限公司
版次印次　2024 年 12 月第 1 版　2024 年 12 月第 1 次印刷

開　　本　787 × 1092　1/8
印　　張　37.5
書　　號　ISBN 978-7-5013-7961-3
定　　價　2800.00 圓